3.200
3/00
PX

DE DOS
EN DOS

DIFUSION

Lourdes Miquel • Neus Sans

DE DOS EN DOS

Ejercicios interactivos de producción oral

NIVEL BÁSICO E INTERMEDIO

DIFUSION

Centro de Investigación y Publicaciones de Español Lengua Extranjera
Bruc, 21, 1.º, 2.ª.
08010 BARCELONA

REDACCIÓN Y COORDINACIÓN
Mª José Gelabert

DIBUJOS
Theo Scherling
Forges (Ejercicio nº 4.4.)

DISEÑO
Theo Scherling y COMPITEX, S.A. (Quicios)

IMPRESIÓN
GRAFICAS RAMA, S.A.

1.º Edición, 1992
2.º Edición, 1995
3.º Edición, 1996
4.º Edición, 1998

ISBN 84-87099-27-0
Depósito legal: M-6185-1992
Printed in Spain - Impreso en España

PRÓLOGO PARA EL PROFESOR

Con **DE DOS EN DOS** queremos ofrecer al profesor de Español como Lengua Extranjera un conjunto de actividades de producción oral (sesenta y dos en total), articulables, a modo de material complementario, con cualquier tipo de programación.

En su concepción hemos tenido fundamentalmente una pretensión: acercar al máximo las actividades de producción oral que se realizarán en clase a las características de las situaciones reales de comunicación y dotar a los ejercicios de aquellas condiciones que envuelven inevitablemente toda interacción oral. Esto es:

— El alumno, al iniciar la tarea, sabe *para qué* va a mantener ese intercambio, tiene una o unas determinadas *intenciones comunicativas.* A partir de unas pautas, va a buscar o completar una información, deberá negociar con su compañero o persuadirlo para llegar a un acuerdo, tendrá que interpretar una información que ha obtenido, etc.

— Cada ejercicio está planteado en dos páginas destinadas a dos estudiantes diferentes, con pautas de realización de la tarea parcial o totalmente distintas. La mecánica de clase es la siguiente: el profesor agrupará a los estudiantes en parejas y entregará a cada uno de los alumnos una página (a uno, la página derecha y a otro, la izquierda) lo que permitirá que se trabaje con lo que se ha venido llamando "vacío de información". Los dos participantes, al igual que los protagonistas de cualquier intercambio oral real, comparten cierta información (sobre la situación en la que se encuentran, por ejemplo, sobre quiénes son, para qué están hablando, sobre lo compartido en el pasado, etc.)

pero cada uno carece de parte de la información que posee su interlocutor y debe negociar con su compañero.

Éste no es, a nuestro entender, un tema banal en dos sentidos. Por una parte, el factor motivación es clave: buscar información, actuar frente a lo imprevisto, reaccionar ante cada nueva intervención del interlocutor, construir con él solidariamente una conversación, etc., es, sin duda, bastante más "divertido" y motivador que el esquema, demasiado generalizado en muchos materiales de español, "el profesor pregunta lo que ya sabe, un estudiante responde a la pregunta sabiendo que el profesor sabe y el profesor corrige o elogia entusiastamente una respuesta que nada nuevo aporta". Esto, como es obvio, bien poco tiene que ver con el desarrollo de un discurso real entre dos individuos "razonables".

Por otra parte, tal como hemos señalado, la realización de la tarea colocará al alumno en una situación próxima a la de cualquier hablante en un contexto real: va a tener que interactuar y ello posibilitará la ejercitación de todos los recursos que permiten el intercambio comunicativo. No sólo se ejercitarán recursos morfosintácticos sino que los mecanismos discursivos que dan coherencia y viabilidad a un intercambio oral adoptarán, ineludiblemente, en este tipo de ejercicios un protagonismo decisivo. Con la mecánica aquí propuesta, se trata, en resumidas cuentas, de evitar convertir un ejercicio de producción oral en una sucesión de emisiones no integradas y que, en el fondo, tiene una sola pretensión: practicar algún aspecto morfosintáctico olvidando el desarrollo de las estrategias específicas de la comunicación oral.

Tras el trabajo en parejas, es recomendable una fase de puesta en común en la que el profesor podrá pedir a varios grupos que realicen su actividad ante los demás para proceder a un trabajo de corrección colectiva.

— Al principio de cada ejercicio se proporciona a los alumnos una *ficha con los principales recursos lingüísticos* (gramaticales, léxicos, nociofuncionales y discursivos) que van a necesitar para realizar el ejercicio. Como se puede obsevar, en **DE DOS EN DOS,** hay ejercicios más o menos abiertos, más o menos creativos, en los que se dirige al alumno en mayor o menor medida, según su nivel y los objetivos que se proponen. Pero, en cualquier caso, que una tarea impulse un papel activo y creativo, personalizado y autónomo por parte del estudiante, no significa, a nuestro modo de ver, que haya que abandonarlo a su suerte en cuanto a los recursos formales que va a precisar para el cumplimiento de dicha tarea. El cuadro de recursos que se le ofrece puede ser muy útil en varios sentidos: el profesor podrá, si lo cree oportuno, realizar una tarea previa de *presentación o de revisión de las formas lingüísticas* que los alumnos podrán o deberán producir. Por otra parte, durante el desarrollo de la actividad, el alumno dispondrá, en todo momento, de una *guía* que le marca y recuerda los recursos que está practicando. En algunos casos, sin embargo, por tratarse de ejercicios en cuya resolución pueden aparecer un gran número de formas léxicas y de exponentes nocio-funcionales, se ha preferido, simplemente, aludir a la función o al ámbito léxico sin proponer formas concretas.

—Dado que **DE DOS EN DOS** se concibe como material complementario apto para cursos de muy distintas características, hemos considerado que al profesor, en el momento de preparación de sus clases, le resultaría útil disponer de un *índice detallado de los objetivos y contenidos de cada ejercicio.* Al principio del libro el profesor encontrará, pues, la posible utilización de cada actividad tanto en una programación de carácter nocio-funcional como en una programación gramatical y para aquellos grupos que utilizan INTERCAMBIO (1 y 2) como material base.

— Los ejercicios se han agrupado en *15 ámbitos temáticos* que asocian, según nuestra experiencia, de un modo coherente recursos morfosintácticos, léxicos y discursivos. Puede considerarse que los 8 primeros ámbitos se adecúan a principiantes y los 7 siguientes a un nivel intermedio o avanzado.

— Desde el punto de vista formal, y considerando que en muchas ocasiones los estudiantes trabajarán un tiempo relativamente largo con una página, se ha procurado dar a las tareas un carácter ameno y motivador. Se ha intentado también proponer enunciados claros y simples, que no dejen dudas sobre qué debe hacer el estudiante. Aun así, el profesor deberá asegurarse de que la tarea y su mecánica han sido bien comprendidas, traduciendo si fuera preciso los enunciados.

Con todo esto, ponemos a la disposición del profesor un conjunto de actividades específicamente diseñadas para el desarrollo de la *competencia oral* que esperamos resulte un material operativo, fácil de articular con las líneas generales de un curso, sean cuales sean sus características.

	Nº DEL EJERCICIO	SI TRABAJA CON UNA PROGRAMACIÓN FUNCIONAL	SI TRABAJA CON UNA PROGRAMACIÓN GRAMATICAL	SI TRABAJA CON INTERCAMBIO
ÁMBITO 1 TÚ Y LA LENGUA ESPAÑOLA	**1.1.**	— Deletrear. — Comprender el deletreo. — Identificar apellidos españoles frecuentes.	— Abecedario.	— Módulo 1 y Módulo 4 *(INTERCAMBIO 1)*
	1.2.	— Control de la comunicación.	— Interrogativas con **cómo** y con **qué**. — Abecedario.	— Módulo 1 *(INTERCAMBIO 1)*
	1.3.	— Deletrear y comprender el deletreo.	— Abecedario.	— Módulo 1 *(INTERCAMBIO 1)*
	1.4.	— Control de la comunicación.	— Abecedario. — Interrogativas con **cómo** y con **qué**. — Usos de **con**.	— Módulo 1 y Módulo 2 *(INTERCAMBIO 1)*

	Nº DEL EJERCICIO	SI TRABAJA CON UNA PROGRAMACIÓN FUNCIONAL	SI TRABAJA CON UNA PROGRAMACIÓN GRAMATICAL	SI TRABAJA CON INTERCAMBIO
ÁMBITO 2 TÚ Y LA INFORMACIÓN PERSONAL	**2.1.**	— Identificación personal: nombre, nacionalidad y profesión.	— Presente de Indicativo. — Verbos reflexivos: **dedicarse, llamarse, apellidarse**. — Interrogativas: **quién, cómo, de dónde**. — Usos del verbo **ser**: **ser** + *grupo nominal*. — Concordancia del adjetivo.	— Módulo 5 y Módulo 6 *(INTERCAMBIO 1)*
	2.2.	— Identificación personal: nacionalidad, profesión, edad. — Expresión de deseos: **me gustaría**. — Explicar la causa: **porque**.	— Presente de Indicativo: **ser, estar, dedicarse, tener**. — Condicional de **gustar**. — Causales con **porque**. — Interrogativas con **de dónde, a qué** y **cuántos**.	— Módulo 5 y Módulo 6 *(INTERCAMBIO 1)*
	2.3.	— Identificación personal: nombre, domicilio, teléfono.	— Interrogativas con **cómo, dónde** y **en qué**. — Presente de Indicativo: **llamarse, apellidarse, tener, vivir**.	— Módulo 5 , Módulo 6, Módulo 19 y Módulo 20 *(INTERCAMBIO 1)*
	2.4.	— Identificación personal: profesión y nacionalidad. — Formular hipótesis: **me parece que..., ... me parece**.	— Presente de Indicativo. — Concordancia del artículo y del adjetivo. — Usos del verbo **ser**. — Léxico de profesiones y nacionalidades.	— Módulo 5 , Módulo 6 y Módulo 21 *(INTERCAMBIO 1)*

N° DEL EJERCICIO	SI TRABAJA CON UNA PROGRAMACIÓN FUNCIONAL	SI TRABAJA CON UNA PROGRAMACIÓN GRAMATICAL	SI TRABAJA CON *INTERCAMBIO*
3.1.	— Numerales (1 - 99).	— Numerales (1 - 99).	— Módulo 7 *(INTERCAMBIO 1)*
3.2.	— Numerales.	— Numerales.	— Módulo 7 *(INTERCAMBIO 1)*
3.3.	— Describir objetos: tamaño, precio, color, etc.	— Preguntas y respuestas **sí/no**. — Concordancia del adjetivo calificativo. — Presente de Indicativo: **ser**, **tener** y **valer**. — Preposiciones **con** y **sin**. — Interrogativas: **cómo**, **cuánto**.	— Módulo 7, Módulo 9 y Módulo 11 *(INTERCAMBIO 1)*
3.4.	— Distribuirse tareas. — Expresar la obligación. — Pesos y medidas. — Léxico de la alimentación y productos de uso cotidiano.	— **Tener que** + Infinitivo. — **También**. — Presente de Indicativo del verbo **tener**. — Pronombres átonos de C.D. (**lo/la/los/las**). — Pesos y medidas. — Léxico de la alimentación y productos de uso cotidiano.	— Módulo 8 y Módulo 9 *(INTERCAMBIO 1)*
3.5.	— Hablar de precios. — Léxico de las prendas de vestir.	— Numerales. — Interrogativas con **cuánto**. — Demostrativos: **este/ esta/estos/estas**. — Léxico de las prendas de vestir.	— Módulo 9 *(INTERCAMBIO 1)*

ÁMBITO 3
TÚ Y LOS OBJETOS

N° DEL EJERCICIO	SI TRABAJA CON UNA PROGRAMACIÓN FUNCIONAL	SI TRABAJA CON UNA PROGRAMACIÓN GRAMATICAL	SI TRABAJA CON *INTERCAMBIO*
4.1.	— Hablar de gustos y preferencias. — Hablar de actividades habituales.	— **Gustar** y pronombres (**me/te/le...**). — Presente de Indicativo. — Adverbios: **muchísimo/ mucho/bastante/nada**.	— Módulo 1, Módulo 12 y Módulo 15 *(INTERCAMBIO 1)*
4.2.	— Hablar de gustos y preferencias.	— **Gustar** y pronombres (**me/te/le...**). — Presente de Indicativo. — Adverbios: **muchísimo/ mucho/bastante/nada**.	— Módulo 11 y Módulo 12 *(INTERCAMBIO 1)*

ÁMBITO 4
TÚ Y LA VALORACIÓN DE LA REALIDAD

	Nº DEL EJERCICIO	SI TRABAJA CON UNA PROGRAMACIÓN FUNCIONAL	SI TRABAJA CON UNA PROGRAMACIÓN GRAMATICAL	SI TRABAJA CON INTERCAMBIO
ÁMBITO 4 TÚ Y LA VALORACIÓN DE LA REALIDAD	**4.3.**	—Hablar de los gustos de otros.	—Verbo **gustar** y pronombres (**le/les**). —Adverbios **muchísimo/ mucho/bastante/nada**.	—Módulo 11 *(INTERCAMBIO 1)*
	4.4.	—Hablar de los gustos de otros. —Expresar hipótesis y contrastarlas.	—**Creo** + **que** + verbo. —**Me parece** + **que** + verbo. —**Pues**. —Pronombres: **a mí/ti/él/**... —Presencia de pronombres personales sujeto.	—Módulo 11 y Módulo 21 *(INTERCAMBIO 1)*
ÁMBITO 5 TÚ Y LAS ACTIVIDADES	**5.1.**	—Hablar de actividades cotidianas. —La frecuencia. —Días de la semana. —Hablar de horarios.	—Presente de Indicativo. —Verbos reflexivos. —Días de la semana. —Marcadores temporales de frecuencia: **todos los días/ fines de semana/...., siempre/ normalmente/a veces/ nunca/**... —**No... nunca/nunca...** —Interrogativas: **con quién/a qué hora/dónde/qué/ cuándo/**...	—Módulo 13 y Módulo 15 *(INTERCAMBIO 1)*
	5.2.	—Hablar de horarios: preguntar por la hora de inicio de algo y referirse a la duración.	—**Desde... hasta**. —**De... a...** —**A la/las** + horas. —**¿A qué hora...?** —Presente de Indicativo: irregularidad **ie (empezar)**. —Verbo **ser** para situar temporalmente acontecimientos.	—Módulo 13 *(INTERCAMBIO 1)*
	5.3.	—Hablar de actividades habituales y su frecuencia. —Relacionar dos actividades: posterioridad/anterioridad.	—Interrogativas: **cuándo/ a qué hora/qué**. —**Después de/antes de**. —Expresiones adverbiales: **siempre/casi siempre/ normalmente/a veces/casi nunca/nunca**.	—Módulo 14 y Módulo 15 *(INTERCAMBIO 1)*
	5.4.	—Concertar una cita. —Expresar la obligación y la imposibilidad. —Referirse a las partes del día.	—**Tener** + **que** + Infinitivo. —**Por la mañana/tarde/ noche, al mediodía**. —Presente de Indicativo. —Presente del vebo **poder**: irregularidad **ue**. —**Para** + Infinitivo.	—Módulo 13 *(INTERCAMBIO 1)*

Nº DEL EJERCICIO	SI TRABAJA CON UNA PROGRAMACIÓN FUNCIONAL	SI TRABAJA CON UNA PROGRAMACIÓN GRAMATICAL	SI TRABAJA CON INTERCAMBIO
6.1.	— Expresar dolor y sensaciones físicas. — Hablar de la obligación y de la prohibición de hacer algo. — Pedir permiso, concederlo y denegarlo. — Hablar de hábitos y su frecuencia. — Referirse a las partes del cuerpo.	— Verbo **doler** y pronombres (**me/te/le/...**). — **Tener** + **que** + Infinitivo. — **Poder** + Infinitivo. — Verbos reflexivos: **encontrarse mal/marearse/...** — Presente de Indicativo. — Frases subordinadas con **cuando** + Indicativo. — **Antes de/después de.** — Partes del cuerpo.	— Módulo 16 y Módulo 18 *(INTERCAMBIO 1)*
6.2.	— Dar y pedir información sobre la ubicación de un establecimiento o lugar. — Hablar de la existencia de algo.	— **Estar/hay.** — **Uno/una. El/la.** — Interrogativas: **dónde.** — Preposiciones y expresiones adverbiales de lugar: **aquí/cerca/enfrente de/ al lado de/al final de/en/ entre... y.../ después de/ antes de/...**	— Módulo 17 *(INTERCAMBIO 1)*
6.3.	— Ofrecer, aceptar y rechazar pequeñas invitaciones. — Pedir y dar un objeto. — Pedir, conceder y denegar permiso. — Sugerir una actividad y negociar una propuesta.	— Presentes irregulares: **querer, apetecer, poder** y **tener.** — Imperativo afirmativo y negativo. — **¿Por qué no...?**	— Módulo 18 *(INTERCAMBIO 1)*
6.4.	— Hablar de intenciones y justificarlas.	— **Ir** + **a** + Infinitivo. — Pronombres átonos de C.D. y C.I. Doble pronombre.	— Módulo 17 y Módulo 22 *(INTERCAMBIO 1)*

ÁMBITO 6
TÚ, LAS SENSACIONES Y LOS DESEOS

Nº DEL EJERCICIO	SI TRABAJA CON UNA PROGRAMACIÓN FUNCIONAL	SI TRABAJA CON UNA PROGRAMACIÓN GRAMATICAL	SI TRABAJA CON INTERCAMBIO
7.1.	— Identificar a alguien y referirse a la relación social y de parentesco entre personas.	— Posesivos: **mi/un...mío.** — Interrogativas: **quién.** — Léxico de las relaciones sociales y de parentesco.	— Módulo 19 *(INTERCAMBIO 1)*
7.2.	— Identificar a alguien como miembro de una familia.	— Posesivos: **mi/un...mío.** — Interrogativas: **quién.** — Léxico de las relaciones de parentesco.	— Módulo 19 *(INTERCAMBIO 1)*

ÁMBITO 7
TÚ Y LOS DEMÁS

| | Nº DEL EJERCICIO | SI TRABAJA CON UNA PROGRAMACIÓN FUNCIONAL | SI TRABAJA CON UNA PROGRAMACIÓN GRAMATICAL | SI TRABAJA CON INTERCAMBIO |

	Nº DEL EJERCICIO	SI TRABAJA CON UNA PROGRAMACIÓN FUNCIONAL	SI TRABAJA CON UNA PROGRAMACIÓN GRAMATICAL	SI TRABAJA CON INTERCAMBIO
ÁMBITO 7 TÚ Y LOS DEMÁS	**7.3.**	— Recursos para hablar por teléfono, dejar recados, ofrecerse para transmitirlos, etc.	— Usos de **ser** + *grupo nominal*. — Usos de **estar**.	— Módulo 20 *(INTERCAMBIO 1)*
	7.4.	— Concretar citas. — Valorar objetos. — Dejar recados por teléfono.	— Usos de las preposiciones **de** y **a**. — Usos de **ser** y **estar**. — Usos de **parecer**. — Usos de **quedar**.	— Módulo 10, Módulo 14 y Módulo 20 *(INTERCAMBIO 1)*
ÁMBITO 8 TÚ Y LA REALIDAD A TRAVÉS DEL TIEMPO	**8.1.**	— Hablar de la realización o no realización de una actividad pasada, vinculada al presente. — Hablar de hábitos y frecuencia. — Ejemplificar. — Describir el carácter de alguien.	— Pretérito Perfecto. — Marcadores temporales del pasado: **el otro día/ ayer/esta semana/el jueves/una vez/varias veces/...** — Usos de **ser**. — Léxico del carácter.	— Módulo 23 *(INTERCAMBIO 1)*
	8.2.	— Recursos para relatar. — Evocar una fecha. — Hablar del número de veces que se ha realizado algo.	— Pretérito Perfecto. — Pretérito Indefinido (**ir/ estar**). — Marcadores temporales: **el verano/año/...pasado, en + año/mes/ ..., Hace + periodo de tiempo, una vez/x veces/alguna vez**.	— Módulo 22 y Módulo 24 *(INTERCAMBIO 1)*
	8.3.	— Recursos para relatar y valorar una actividad pasada.	— Pretérito Indefinido: **estar/hacer/ir/ser**. — Pretérito Imperfecto. — Causales con **porque**. — Usos de **ser/estar**.	— Módulo 24 *(INTERCAMBIO 1)*
	8.4.	— Recursos para relatar. — Formular una secuencia. — Valorar una actividad pasada. — Hablar de los medios de transporte.	— Pretérito Indefinido: (**estar/ir/tener/hacer**) — Pretérito Imperfecto. — Preposiciones: **de... a**, **en** + medio de transporte. — Adverbios: **fatal/mal/ regular/bien/...**	— Módulo 24 *(INTERCAMBIO 1)*

	Nº DEL EJERCICIO	SI TRABAJA CON UNA PROGRAMACIÓN FUNCIONAL	SI TRABAJA CON UNA PROGRAMACIÓN GRAMATICAL	SI TRABAJA CON INTERCAMBIO
ÁMBITO 9 TÚ Y LA LENGUA ESPAÑOLA	**9.1.**	— Control de la comunicación: preguntar el significado y definir una palabra. — Describir un objeto y su utilidad. — Formular hipótesis. — Uso del diccionario.	— Usos de **ser**. — Usos de **para**. — **Creo/me parece que** + frase. — Uso del diccionario. — Oraciones de relativo con **que**. — Usos de **como**.	— Módulo 1 *(INTERCAMBIO 2)*
	9.2.	— Puesta en contacto con las variedades del español. — Información cultural sobre España e Hispanoamérica.	— Impersonalidad con **se**. — Interrogativas: **cómo** y **cuántos/as**.	— Módulo 3 *(INTERCAMBIO 2)*
	9.3.	— Recursos para hablar de estrategias de aprendizaje de idiomas.	— Presente de Indicativo (regulares e irregulares). — **Cuando** + Presente de Indicativo.	— Módulo1 y Módulo 2 *(INTERCAMBIO 2)*
	9.4.	— Recursos para hablar del proceso de aprendizaje de una lengua y de los métodos de enseñanza.	— Usos de **con** y **en**. — Conjunción **y**. — **Hay que** + Infinitivo. — **Es mejor** + Infinitivo.	— Módulo1 y Módulo 2 *(INTERCAMBIO 2)*

	Nº DEL EJERCICIO	SI TRABAJA CON UNA PROGRAMACIÓN FUNCIONAL	SI TRABAJA CON UNA PROGRAMACIÓN GRAMATICAL	SI TRABAJA CON INTERCAMBIO
ÁMBITO 10 TÚ Y EL MUNDO QUE TE RODEA	**10.1.**	— Recursos para comparar objetos y personas. — Identificar un objeto por su propietario.	— **Más/menos** + adjetivo + **que**. — **Mejor/peor**. — Posesivos: **el mío/la mía/...** — Usos de **ser**: descripción de objetos. — **En cambio/en vez de**.	— Módulo 4 y Módulo 6 *(INTERCAMBIO 2)*
	10.2.	— Recursos para ubicar geográficamente: proximidad, puntos cardinales.	— Verbo **estar** para ubicar geográficamente. — Expresiones espaciales: **cerca de, junto a, entre...y..., al norte/este/ ...de/...**	— Módulo 5 *(INTERCAMBIO 2)*
	10.3.	— Identificar un objeto en un conjunto por sus características (color/ marca/tamaño/...) o su ubicación.	— Elisión del sustantivo: **el/la** + adjetivo. — Numerales cardinales.	— Módulo 6 *(INTERCAMBIO 2)*

	Nº DEL EJERCICIO	SI TRABAJA CON UNA PROGRAMACIÓN FUNCIONAL	SI TRABAJA CON UNA PROGRAMACIÓN GRAMATICAL	SI TRABAJA CON *INTERCAMBIO*
ÁMBITO 10	**10.4.**	— Dar y pedir información sobre la propiedad de un objeto.	— Interrogativas: **de quién/ de quiénes**. — Posesivos: **mío/tuyo/ suyo/...** — Usos de la preposición **de**.	— Módulo 6 *(INTERCAMBIO 2)*
ÁMBITO 11 TÚ Y LA REALIDAD A TRAVÉS DEL TIEMPO	**11.1.**	— Relatar. — Recursos para organizar un relato. — Formular hipótesis.	— Contraste Imperfecto/Indefinido. — Marcadores temporales: **al cabo de.../...después**.	— Módulo 7 y Módulo 8 *(INTERCAMBIO 2)*
	11.2.	— Relatar. — Recursos para organizar un relato.	— **Como/total que/y entonces/ y de repente**. — Contraste Imperfecto/Indefinido.	— Módulo 7 *(INTERCAMBIO 2)*
	11.3.	— Relatar. — Pedir información sobre algún dato de un relato. — Referirse al año en que sucede algo y a la duración.	— Interrogativas: **cuál, cuántos/as, en qué año,...** — Pretérito Indefinido.	— Módulo 7 y Módulo 8 *(INTERCAMBIO 2)*
	11.4.	— Relatar. — Recursos para organizar un relato.	— Contraste Imperfecto/Indefinido. — Oraciones causales: **como/ porque**. — Oraciones consecutivas: **y, por eso...**	— Módulo 7 y Módulo 8 *(INTERCAMBIO 2)*
	11.5.	— Hablar de la frecuencia con que se realiza algo. — Contrastar hábitos.	— Partículas temporales: **de vez en cuando, a menudo**. — Usos de las preposiciones **a** y **por** (**al día/por semana/...**) — Presencia del pronombre sujeto. — **Cada**.	— Módulo 8 y Módulo 9 *(INTERCAMBIO 2)*
ÁMBITO 12 TÚ Y LOS VIAJES	**12.1.**	— Dar y pedir información sobre la distancia. — Expresar intenciones y razonarlas.	— **Unos** para referirse a cantidad aproximada. — Gerundio. — Usos de las preposiciones **de... a**. — Futuro. — Usos de **estar**.	— Módulo 10 *(INTERCAMBIO 2)*

| | Nº DEL EJERCICIO | SI TRABAJA CON UNA PROGRAMACIÓN FUNCIONAL | SI TRABAJA CON UNA PROGRAMACIÓN GRAMATICAL | SI TRABAJA CON INTERCAMBIO |

	Nº DEL EJERCICIO	SI TRABAJA CON UNA PROGRAMACIÓN FUNCIONAL	SI TRABAJA CON UNA PROGRAMACIÓN GRAMATICAL	SI TRABAJA CON INTERCAMBIO
ÁMBITO 12 TÚ Y LOS VIAJES	**12.2.**	— Dar y pedir información sobre una ruta. — Aconsejar. — Dar y pedir información sobre las distancias.	— Usos del Futuro. — Usos de **estar**. — Expresiones espaciales: **cerca/al lado/enfrente/ debajo/antes/después de, a la izquierda/derecha**. — **Hay/está**.	— Módulo 10 *(INTERCAMBIO 2)*
	12.3.	— Dar y pedir información sobre una ruta.	— Usos del Futuro. — Usos de **estar**. — Expresiones espaciales: **cerca/al lado/enfrente/ debajo/antes/después de, a la izquierda/derecha**. — **Hay/está**.	— Módulo 10 *(INTERCAMBIO 2)*
	12.4.	— Expresar deseos y preferencias. — Proponer actividades, aceptar y rechazar propuestas de otros. — Ubicar un país. — Describir una ruta.	— Usos de las preposiciones: **por/de/a/desde/hasta/en**. — Verbo **estar**. — Usos de **pues**. — Usos de **gustar** y **preferir**. — Condicional y Futuro.	— Módulo 9 y Módulo 10 *(INTERCAMBIO 2)*
	12.5.	— Hablar de medios de transporte: precios, horarios, duración de un viaje, etc. — Expresar preferencias. — Sugerir actividades y reaccionar ante las propuestas de otros.	— **Hay**. — Usos de las preposiciones: **a/en**. — Oraciones causales: **porque**. — Usos del Condicional. — Oraciones relativas con **lo que**.	— Módulo 10, Módulo 11 y Módulo 12 *(INTERCAMBIO 2)*
ÁMBITO 13 TÚ Y LAS PALABRAS DE LOS DEMÁS	**13.1.**	— Referir conversaciones.	— Estilo Indirecto. — Léxico: verbos del tipo **decir**, **contar**, **pedir**, **explicar**,...	— Módulo 13 y Módulo 15 *(INTERCAMBIO 2)*
	13.2.	— Recursos para interesarse y especular sobre el contenido de un texto escrito. — Expresar hipótesis y justificarlas.	— Interrogativas con **qué**. — Oraciones causales: **porque**. — Usos del verbo **parecer**: **me/te/le parece que**...	— Módulo 14 *(INTERCAMBIO 2)*
	13.3.	— Recursos para la transmisión de mensajes procedentes de los medios de comunicación. — Reaccionar ante una noticia.	— Estilo Indirecto.	— Módulo 14 y Módulo 15 *(INTERCAMBIO 2)*

	Nº DEL EJERCICIO	SI TRABAJA CON UNA PROGRAMACIÓN FUNCIONAL	SI TRABAJA CON UNA PROGRAMACIÓN GRAMATICAL	SI TRABAJA CON *INTERCAMBIO*
ÁMBITO 13	**13.4.**	—Interesarse por y transmitir las palabras de otros.	—Estilo Indirecto. —Presente de Subjuntivo. —Imperfecto de Subjuntivo.	—Módulo 13 *(INTERCAMBIO 2)*
ÁMBITO 14 TÚ Y LAS OPINIONES	**14.1.**	—Expresar opiniones. —Mostrar acuerdo y desacuerdo con las opiniones de los demás. —Argumentar.	—Oraciones subordinadas sustantivas con **que**: usos del Indicativo y del Subjuntivo. —**Pero/sin embargo**. —Usos de la preposición **con**.	—Módulo 16 *(INTERCAMBIO 2)*
	14.2.	—Dar instrucciones. —Corregir y reformular informaciones dadas por otros.	—Anticipación de C.D. y pronombres átonos. —Construcciones con **se**. —Construcciones enfáticas con **ser**.	—Módulo 18 *(INTERCAMBIO 2)*
	14.3.	—Expresar hipótesis. —Manifestar acuerdo y desacuerdo con las hipótesis de otros. —Argumentar.	—**Quizá/tal vez/a lo mejor**: usos con Indicativo y Subjuntivo. —Subordinadas sustantivas con verbos de pensamiento. —Oraciones causales: **porque**.	—Módulo 17 y Módulo 18 *(INTERCAMBIO 2)*
	14.4.	—Valorar actividades pasadas.	—Verbo **ser** + *grupo nominal*. —Usos de los verbos **gustar/encantar/pasar**. —Pronombres átonos. —Pretérito Perfecto.	—Módulo 18 *(INTERCAMBIO 2)*
ÁMBITO 15 TÚ CON LOS DEMÁS	**15.1.**	—Hablar de hábitos culturales y usos sociales.	—Conjunciones: **cuando/porque/y/pero/si**.	—Módulo 19 *(INTERCAMBIO 2)*
	15.2.	—Hablar de hábitos culturales. —Comparar hábitos.	—Expresiones referidas a las personas: **la gente, la mayoría, ...** —Impersonalidad con **se** y 3ª persona del plural.	—Módulo 19 *(INTERCAMBIO 2)*
	15.3.	—Expresar sentimientos. —Contrastar los propios sentimientos con los de los demás.	—Uso y concordancia de los verbos: **poner nervioso/triste/..., preocupar, dar miedo/pena/...** —Usos de verbos como reflexivos y como transitivos: **poner/ponerse**. —**También/tampoco**.	—Módulo 19 *(INTERCAMBIO 2)*

1.1.

Deletrear
Comprender el deletreo
Identificar apellidos españoles frecuentes

Vas a deletrear estos apellidos españoles. Tu compañero/a tiene que identificarlos entre los que figuran en su lista.

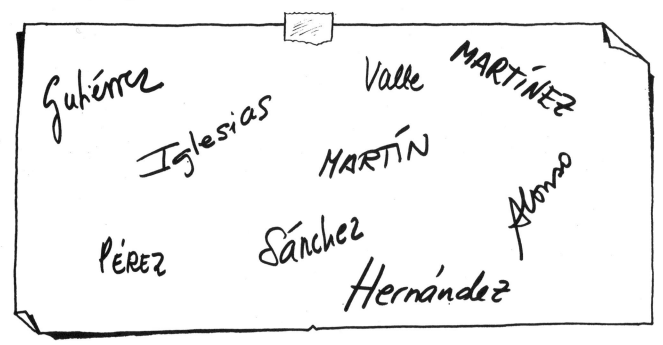

Gutiérrez   Iglesias   Valle   MARTÍNEZ

MARTÍN   Alonso

PÉREZ   Sánchez   Hernández

Ahora va a ser él/ella quien deletree unos cuantos de estos apellidos. ¿Cuáles? Señálalos con una cruz. ✗

○ Cáceres	○ Domingo	○ Ibáñez	○ Sanz
○ Benito	○ Castillo	○ López	○ Muñoz
○ Moreno	○ Herrada	○ Hidalgo	○ García
○ González	○ Hurtado	○ Torres	○ Andrés
○ Ribas	○ Ramos	○ Soler	○ Peña

Deletrear
Comprender el deletreo
Identificar apellidos españoles frecuentes

Tu compañero/a va a deletrear algunos de estos apellidos españoles. ¿Cuáles? Señálalos con una cruz. ✗

◯ Hernández	◯ Puente	◯ Ojeda	◯ García
◯ Gil	◯ Sala	◯ Alonso	◯ Martín
◯ Casado	◯ Martínez	◯ Iglesias	◯ Sánchez
◯ Lizcano	◯ Robles	◯ Pérez	◯ Gutiérrez
◯ Valle	◯ Fernández	◯ Castillo	◯ Santos

Ahora tú vas a deletrear unos cuantos apellidos. Él/ella deberá identificarlos en su lista.

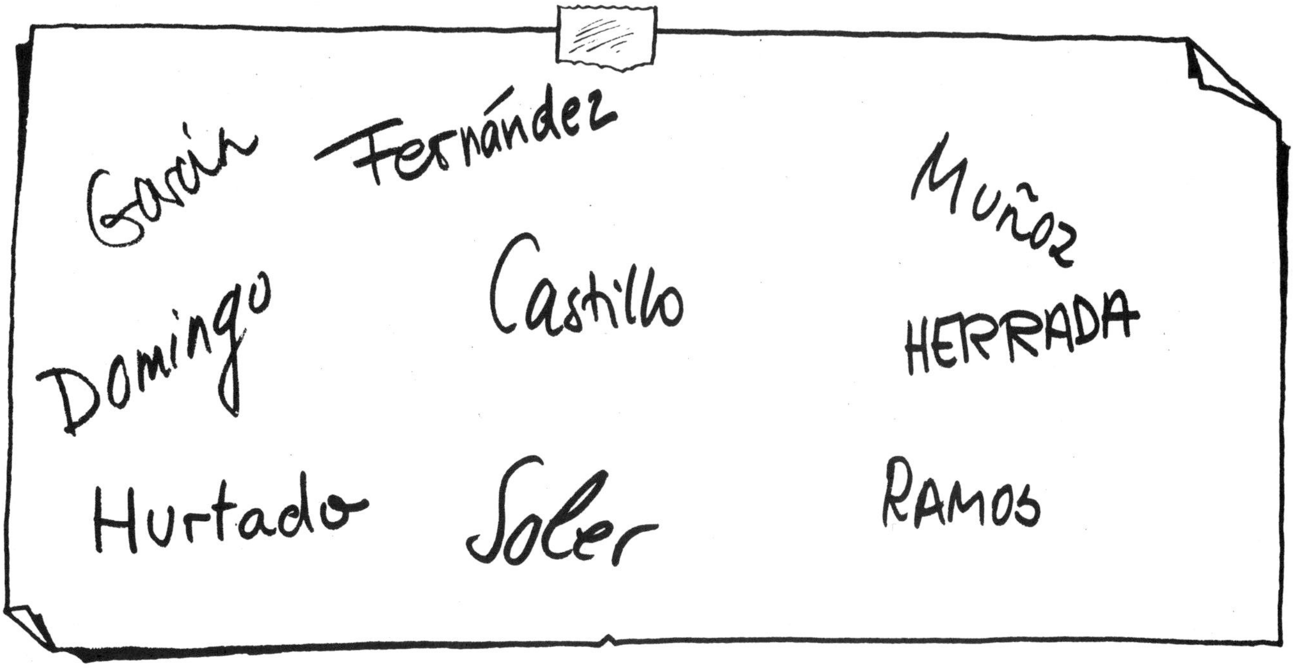

García   Fernández   Muñoz

Domingo   Castillo   HERRADA

Hurtado   Soler   RAMOS

¿**Cómo se dice en español?**
¿**Qué significa?**
No lo sé.
¿**Cómo se escribe?**
Deletrear

Pregúntale a tu compañero/a la traducción de algunas palabras al español y anota lo que él/ella te diga. Si no entiendes bien lo que te dice, pídele que te deletree las palabras españolas. Si ninguno de los dos conoce alguna palabra, podéis buscarla juntos en el diccionario y discutir cuál es la mejor traducción.

¿Cómo se dice en español  ?

Ahora pregúntale el significado de estas palabras o expresiones. Él/ella tiene que darte la traducción en tu lengua o en la lengua que habléis los dos.

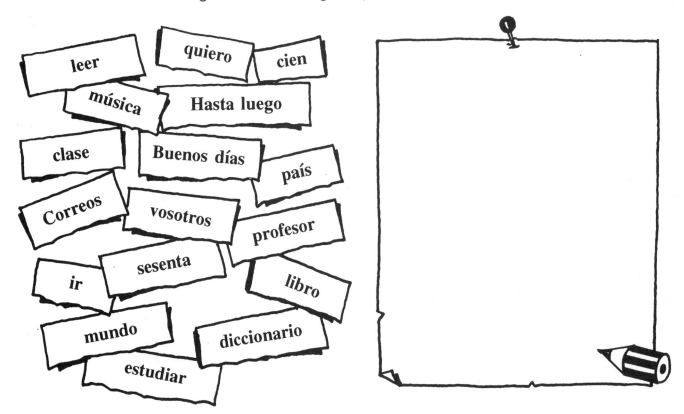

Pregúntale a tu compañero/a la traducción de algunas palabras al español y anota lo que él/ella te diga. Si no entiendes bien lo que te dice, pídele que te deletree las palabras españolas. Si ninguno de los dos conoce alguna palabra, podéis buscarla juntos en el diccionario y discutir cuál es la mejor traducción.

¿Cómo se dice en español?
¿Qué significa?
No lo sé.
¿Cómo se escribe?
Deletrear

¿Cómo se dice en español  ?

Ahora pregúntale el significado de estas palabras o expresiones. Él/ella tiene que darte la traducción en tu lengua o en la lengua que habléis los dos.

Deletrear y comprender el deletreo

Tienes que averiguar siete palabras de la lista que tiene tu compañero/a. Aquí tienes el número de letras de cada una. Tú dices el nombre de una letra y él/ella debe decirte en qué palabras está, cuántas veces y dónde. Luego lo vais a hacer al revés. Gana el que necesite menos jugadas para averiguar todas las palabras del otro.

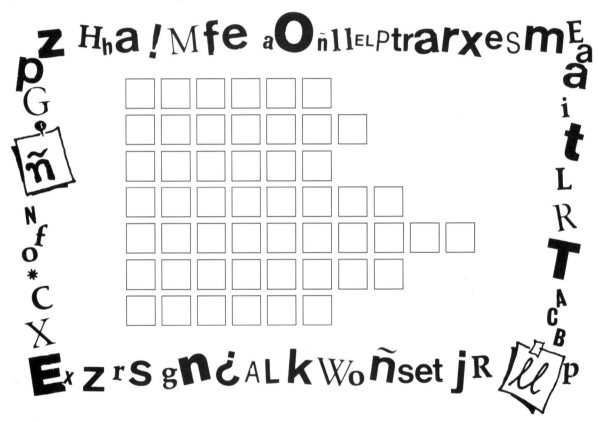

Ahora él/ella tiene que adivinar las palabras de tu lista. Cada vez que te proponga una letra, dile en qué palabra está y dónde.

PROFESOR

ESTUDIAR

VOSOTROS

LIBRO

PALABRA

ADIÓS

ABECEDARIO

Deletrear y comprender el deletreo

Tu compañero/a tiene que adivinar las palabras de la lista siguiente. Él/ella dirá cada vez una letra y tú tienes que indicarle si esa letra está, en qué palabras y dónde. Luego, lo vais a hacer al revés. Gana quien necesite menos jugadas para adivinar todas las palabras.

HABLAR
ESPAÑOL
PORQUE
NOSOTROS
ESTUDIANTE
TELÉFONO
IDIOMA

Ahora vamos a hacerlo al revés. Las palabras que tiene tu compañero/a tienen el siguiente número de letras. Ve anotando lo que él/ella te diga cada vez que tú propongas una letra.

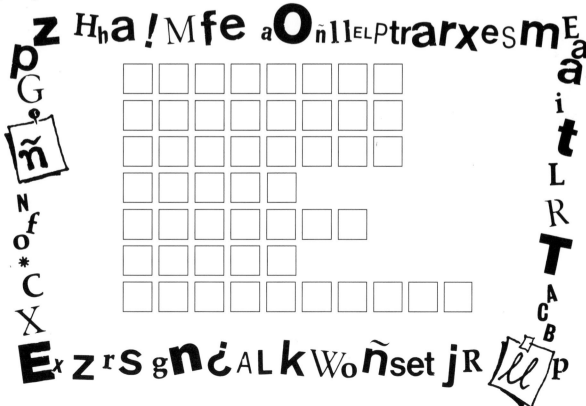

1.4.

¿Cómo se escribe?
Con...
¿Qué significa?
Deletrear

La ortografía del español no es muy difícil. Sólo algunos sonidos o letras pueden hacernos dudar. Vamos a hacer un concurso. A ver quién sabe más palabras, tú o tu compañero/a, con estas características... Anótalas aquí. (Tenéis cinco minutos).

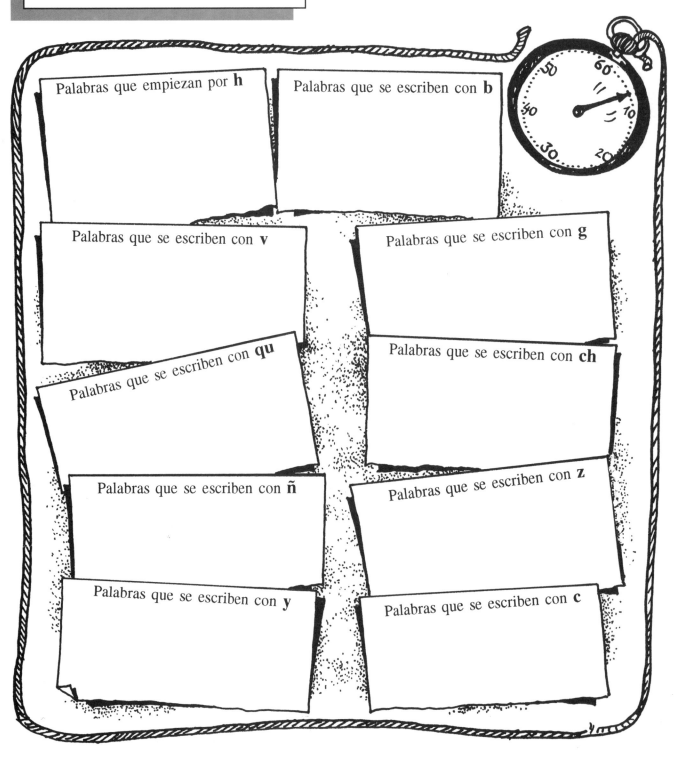

Palabras que empiezan por **h**

Palabras que se escriben con **b**

Palabras que se escriben con **v**

Palabras que se escriben con **g**

Palabras que se escriben con **qu**

Palabras que se escriben con **ch**

Palabras que se escriben con **ñ**

Palabras que se escriben con **z**

Palabras que se escriben con **y**

Palabras que se escriben con **c**

Ahora comprobaréis juntos quién ha ganado en cada caso. Si tenéis dudas, consultad el diccionario o preguntad a vuestro profesor.

La ortografía del español no es muy difícil. Sólo algunos sonidos o letras pueden hacernos dudar. Vamos a hacer un concurso. A ver quién sabe más palabras, tú o tu compañero/a, con estas características... Anótalas aquí. (Tenéis cinco minutos).

> **¿Cómo se escribe?**
> **Con...**
> **¿Qué significa?**
> *Deletrear*

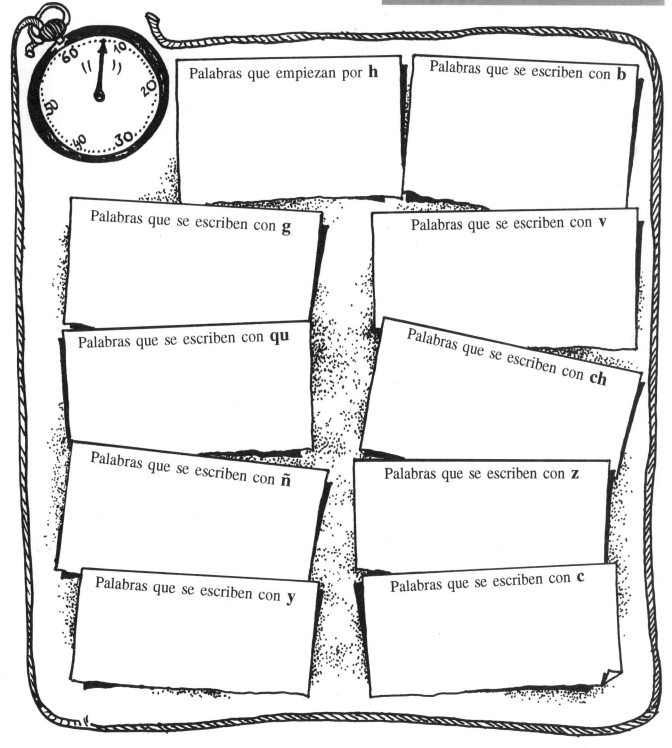

Palabras que empiezan por **h**

Palabras que se escriben con **b**

Palabras que se escriben con **g**

Palabras que se escriben con **v**

Palabras que se escriben con **qu**

Palabras que se escriben con **ch**

Palabras que se escriben con **ñ**

Palabras que se escriben con **z**

Palabras que se escriben con **y**

Palabras que se escriben con **c**

Ahora comprobaréis juntos quién ha ganado en cada caso. Si tenéis dudas, consultad el diccionario o preguntad a vuestro profesor.

2.1.

¿Quién es...?
¿Cómo se llama de nombre...?
¿Cómo se apellida...?
¿A qué se dedica...?
¿De dónde es...?
Es un/a + profesión (+ nacionalidad).
Es + nacionalidad.

Entre tu compañero/a y tú podéis reconstruir, completamente, estas fichas sobre personajes famosos de la vida cultural española e hispanoamericana. Hazle las preguntas necesarias y responde a las suyas.

NOMBRE: **José**
APELLIDOS: **Carreras**
PROFESIÓN:
NACIONALIDAD:

NOMBRE:
APELLIDOS: **García Márquez**
PROFESIÓN:
NACIONALIDAD: **colombiano**

NOMBRE: **Camilo José**
APELLIDOS: **Cela**
PROFESIÓN:
NACIONALIDAD: **español**

NOMBRE: **Maruja**
APELLIDOS:
PROFESIÓN: **periodista**
NACIONALIDAD: **española**

NOMBRE: **Octavio**
APELLIDOS: **Paz**
PROFESIÓN:
NACIONALIDAD: **mexicano**

NOMBRE: **Pilar**
APELLIDOS: **Miró**
PROFESIÓN: **directora de cine**
NACIONALIDAD:

NOMBRE:
APELLIDOS: **Tàpies**
PROFESIÓN:
NACIONALIDAD:

NOMBRE:
APELLIDOS: **Alonso**
PROFESIÓN: **bailarina**
NACIONALIDAD: **cubana**

¿Quién es...?
¿Cómo se llama de nombre...?
¿Cómo se apellida...?
¿A qué se dedica...?
¿De dónde es...?
Es un/a + profesión (+ nacionalidad).
Es + nacionalidad.

Entre tu compañero/a y tú podéis reconstruir, completamente, estas fichas sobre personajes famosos de la vida cultural española e hispanoamericana. Hazle las preguntas necesarias y responde a las suyas.

NOMBRE: **Maruja**

APELLIDOS: **Torres**

PROFESIÓN:

NACIONALIDAD:

NOMBRE: **Alicia**

APELLIDOS:

PROFESIÓN: **bailarina**

NACIONALIDAD:

NOMBRE:

APELLIDOS:

PROFESIÓN: **escritor**

NACIONALIDAD: **español**

NOMBRE:

APELLIDOS: **Carreras**

PROFESIÓN: **cantante de ópera**

NACIONALIDAD: **español**

NOMBRE: **Gabriel**

APELLIDOS: **García Márquez**

PROFESIÓN: **escritor**

NACIONALIDAD:

NOMBRE:

APELLIDOS: **Paz**

PROFESIÓN: **escritor**

NACIONALIDAD:

NOMBRE: **Antoni**

APELLIDOS: **Tàpies**

PROFESIÓN: **pintor**

NACIONALIDAD: **español**

NOMBRE:

APELLIDOS: **Miró**

PROFESIÓN:

NACIONALIDAD: **española**

> ¿De dónde es/eres?
> ¿A qué se/te dedica/s?
> ¿Eres/tienes/estás/...?
> ¿Cuántos años tiene/s?
> A mí me gustaría ser... porque...

Seguro que alguna vez has pensado en ser otra persona, en tener otra personalidad. Tal vez has querido ser un político famoso, una estrella de cine, un personaje literario... Ahora tienes una buena oportunidad: elige una de estas personalidades y contesta a las preguntas de tu compañero/a según tu nueva identidad. Él/ella tiene que adivinar quién eres.

Ahora tú tienes que adivinar qué personaje famoso es tu compañero/a sin preguntarle el nombre. Hazle todas las preguntas que sean necesarias.

Luego, si queréis, podéis explicar a toda la clase por qué habéis elegido ese personaje.

> ¿De dónde es/eres?
> ¿A qué se/te dedica/s?
> ¿Eres/tienes/estás/...?
> ¿Cuántos años tiene/s?
> A mí me gustaría ser... porque...

Tu compañero/a es un personaje famoso. Hazle preguntas hasta saber quién es sin preguntarle su nombre.

Seguro que tú también, alguna vez, has pensado en ser otra persona, en tener otra personalidad. Tal vez has querido ser un político famoso, una estrella del cine, un personaje literario... Ahora tienes una buena oportunidad: elige una de estas personalidades y contesta a las preguntas de tu compañero/a según tu nueva identidad. Él/ella tiene que adivinar quién eres.

Luego, si queréis, podéis explicar a toda la clase por qué habéis elegido ese personaje.

¿Cómo se llama el Sr./la Sra. X de nombre?
¿Cómo se apellida X?
¿Dónde vive X?
¿En qué calle/número/piso vive X?
¿Tienes el número de teléfono/la dirección de X?

Te interesa saber todos los datos de estas personas. Hazle preguntas a tu compañero/a para saber sus nombres, sus apellidos, sus direcciones completas y sus números de teléfono.

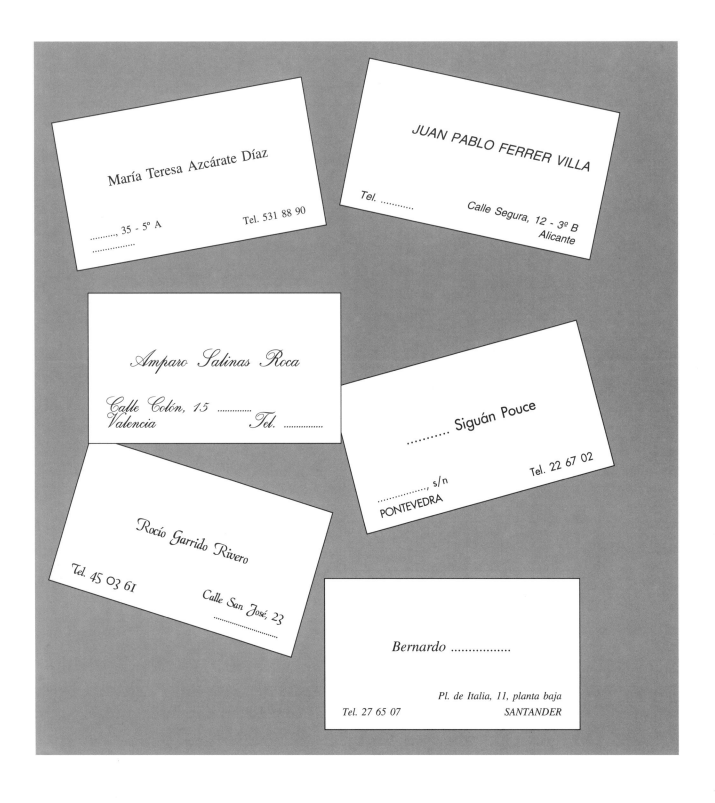

María Teresa Azcárate Díaz

............, 35 - 5º A   Tel. 531 88 90

....

JUAN PABLO FERRER VILLA

Tel. ....   Calle Segura, 12 - 3º B
                        Alicante

Amparo Salinas Roca

Calle Colón, 15 ....   Tel. ....
Valencia

.... Siguán Pouce

                        Tel. 22 67 02

................, s/n
PONTEVEDRA

Rocío Garrido Rivero

Tel. 45 03 61

            Calle San José, 23
            ....

Bernardo ....

                Pl. de Italia, 11, planta baja
Tel. 27 65 07   SANTANDER

Te interesa saber todos los datos de estas personas. Hazle preguntas a tu compañero/a para saber sus nombres, sus apellidos, sus direcciones completas y sus números de teléfono.

¿Cómo se llama el Sr./la Sra. X de nombre?
¿Cómo se apellida X?
¿Dónde vive X?
¿En qué calle/número/piso vive X?
¿Tienes el número de teléfono/la dirección de X?

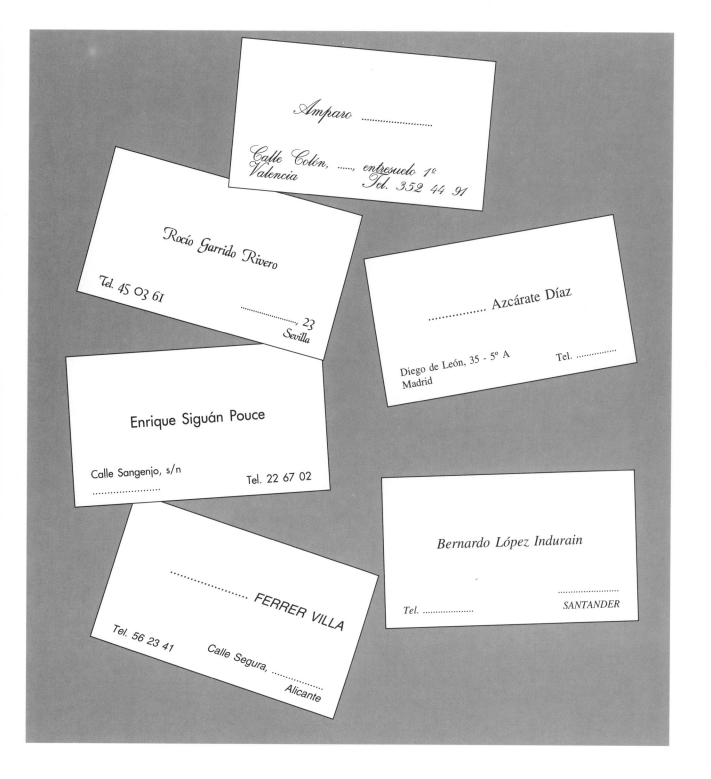

Amparo ....

Calle Colón, ..., *entresuelo 1º*
Valencia   *Tel. 3.52 44 91*

Rocío Garrido Rivero

Tel. 45 03 61

.................., *23*
Sevilla

.... Azcárate Díaz

Diego de León, 35 - 5º A   Tel. ....
Madrid

Enrique Siguán Pouce

Calle Sangenjo, s/n   Tel. 22 67 02
....

Bernardo López Indurain

....
Tel. ....   *SANTANDER*

.... FERRER VILLA

Tel. 56 23 41   Calle Segura, ...
                      Alicante

> *¿A qué se dedica X?*
> *Me parece que es.../ Es..., me parece.*
> *Es...*
> *X es ..., ¿no?*
> *Trabaja en un/una...*
> *¿De dónde es X?*
> *Nacionalidades*
> *Profesiones*

Quieres saber cuáles son las profesiones de todos estos personajes. ¿Por qué no le preguntas a tu compañero/a las que no conoces y discutes con él/ella sobre las que no sabes con seguridad? A lo mejor tenéis que consultar juntos el diccionario.

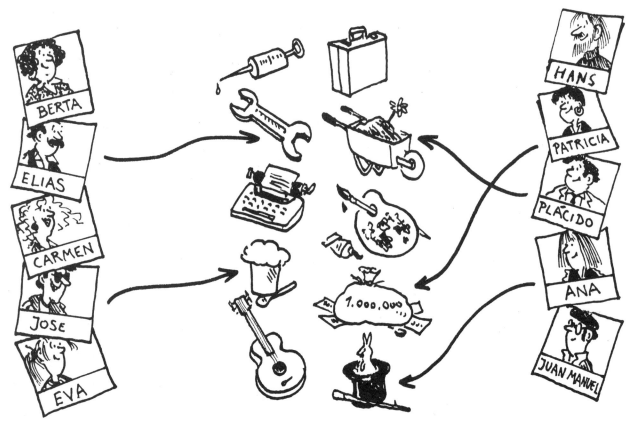

Y ahora vais a hablar de sus nacionalidades. Pregunta a tu compañero/a y responde a sus preguntas hasta que los dos tengáis toda la información.

Quieres saber cuáles son las profesiones de todos estos personajes. ¿Por qué no le preguntas a tu compañero/a las que no conoces y discutes con él/ella sobre las que no sabes con seguridad? A lo mejor tenéis que consultar juntos el diccionario.

¿A qué se dedica X?
Me parece que es.../ Es..., me parece.
Es...
X es ..., ¿no?
Trabaja en un/una...
¿De dónde es X?
Nacionalidades
Profesiones

Y ahora vais a hablar de sus nacionalidades. Pregunta a tu compañero/a y responde a sus preguntas hasta que los dos tengáis toda la información.

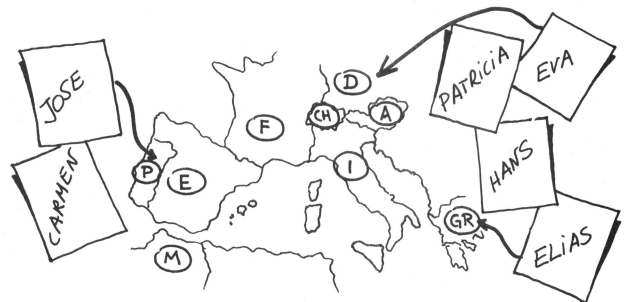

3.1.

Vamos a jugar al bingo. ¿Sabes cómo funciona? Tu compañero/a tiene una tarjeta con 15 números (del 1 al 99) y tú otra. Cada uno dice un número y gana el/la que complete primero su tarjeta con los números que diga su compañero/a. Si se termina una línea horizontal seguida se tiene que decir "¡Línea!" y al completar todos los números de un cartón "¡Bingo!"

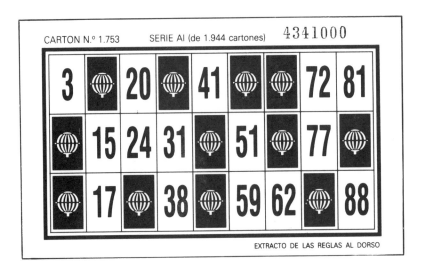

Anota aquí los números que vas diciendo para no repetir ninguno y para comprobar después que no os habéis equivocado.

Si os ha gustado el juego y queréis seguir practicando los números, podéis fabricaros otras tarjetas.

Numerales *(1-99)*

Vamos a jugar al bingo. ¿Sabes cómo funciona? Tu compañero/a tiene una tarjeta con 15 números (del 1 al 99) y tú otra. Cada uno dice un número y gana el/la que complete primero su tarjeta con los números que diga su compañero/a. Si se termina una línea horizontal seguida se tiene que decir "¡Línea!" y al completar todos los números de un cartón "¡Bingo!"

CARTON N.º 181   SERIE AI (de 1.944 cartones)   4341001

4		22		44		65	74	
	14		37		51	69		82
9			39		54		76	88

EXTRACTO DE LAS REGLAS AL DORSO

Anota aquí los números que vas diciendo para no repetir ninguno y para comprobar después que no os habéis equivocado.

Si os ha gustado el juego y queréis seguir practicando los números, podéis fabricaros otras tarjetas.

Numerales

Vamos a jugar a adivinar números. Tu compañero/a tiene que adivinar tu número secreto que es el 4761. Él/ella va a empezar a proponerte números y tú tienes que darle pistas del siguiente modo:

—Si acierta números pero no su lugar, tienes que responder diciendo
"1 herido", "2 heridos",...
—Si acierta números y el lugar en el que están, "1 muerto", "2 muertos",...

Por ejemplo, si dice siete mil cuatrocientos ochenta y uno (7.481), tú tienes que decir "1 muerto y 2 heridos".

Tu número secreto	Tu compañero/a ha dicho
4761	

Ahora vamos a hacerlo al revés. Tú tienes que adivinar el número secreto de tu compañero/a. Anota aquí todos los números que le dices y sus respuestas para sacar conclusiones.

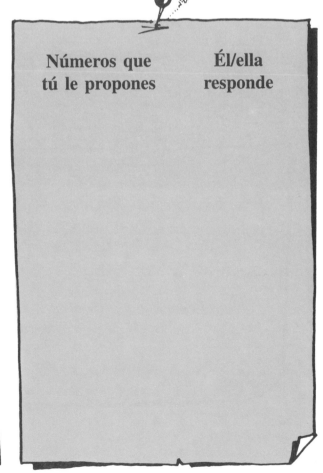

Números que tú le propones	Él/ella responde

Numerales

Vamos a jugar a adivinar cifras. Tu compañero/a tiene un número secreto de cuatro cifras. Tú le vas proponiendo números de cuatro cifras (no se repite ninguna cifra), por ejemplo, dos mil trescientos sesenta y uno (2.361) y él/ella te dirá:

— "1 herido" o más si hay cifras correctas pero en un lugar que no es el correcto.
— "1 muerto" o más si hay cifras correctas en el lugar correcto.

Anota todo lo que él/ella te dice para poder sacar conclusiones.

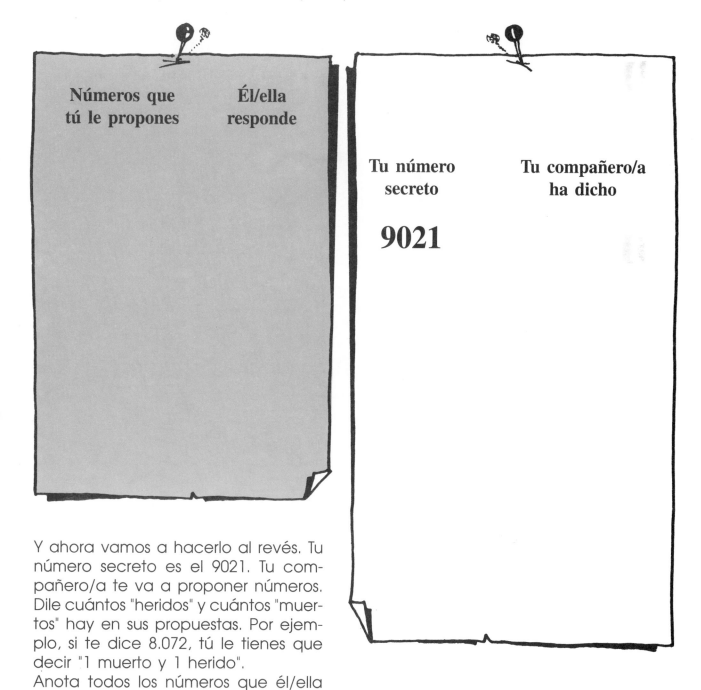

Números que tú le propones	Él/ella responde

Tu número secreto	Tu compañero/a ha dicho
9021	

Y ahora vamos a hacerlo al revés. Tu número secreto es el 9021. Tu compañero/a te va a proponer números. Dile cuántos "heridos" y cuántos "muertos" hay en sus propuestas. Por ejemplo, si te dice 8.072, tú le tienes que decir "1 muerto y 1 herido".
Anota todos los números que él/ella te dice para no equivocarte.

> **¿Cómo es?**
>
> **¿Es grande/pequeño/caro/moderno...?**
>
> **¿Cuánto vale?**
>
> **¿Tiene...?**
>
> **¿Con o sin...?**
>
> **Sí, es/tiene/...**
>
> **No, no es/tiene/...**
>
> *Describir objetos*

Selecciona un objeto de cada serie. Tu compañero/a te hará preguntas para adivinar cuál has elegido.

Ahora tú deberás hacerle preguntas a él/ella para adivinar sus elecciones.

¿Cómo es?

¿Es grande/pequeño/caro/moderno...?

¿Cuánto vale?

¿Tiene...?

¿Con o sin...?

Sí, es/tiene/...

No, no es/tiene/...

Describir objetos

Tu compañero/a ha seleccionado un objeto de cada serie. Hazle preguntas hasta adivinar cuál.

Ahora tú debes seleccionar un objeto de cada grupo y responder a las preguntas de tu compañero/a.

Tienes que comprar...
(Y) También...
En... (no) tienen...
Bueno, pues... lo/la/los/las compro yo.

Pesos y medidas

*Léxico de la alimentación
y productos de uso cotidiano*

Tu compañero/a va a ir al supermercado. Encárgale lo que tú necesitas. Tú vas a ir al quiosco, a la farmacia y al estanco. Él/ella te dirá lo que tienes que comprarle. Cada uno debe hacer una lista para no olvidar nada.

Ahora podéis comprobar juntos vuestras listas para ver si lo habéis entendido todo.

Tu compañero/a va a ir al quiosco, a la farmacia y al estanco. Encárgale lo que tú necesitas. Tú vas a ir al supermercado. Él/ella te dirá lo que tienes que comprarle. Cada uno debe hacer una lista para no olvidar nada.

Tienes que comprar...
(Y) También...
En... (no) tienen...
Bueno, pues... lo/la/los/las compro yo.

Pesos y medidas

Léxico de la alimentación y productos de uso cotidiano

Ahora podéis comprobar juntos vuestras listas para ver si lo habéis entendido todo.

¿Cuánto cuesta este/esta...?
¿Cuánto cuestan estos/estas...?
Numerales
Léxico de las prendas de vestir

Tu compañero/a sabe los precios que tú no sabes. Interésate por ellos. Luego, él/ella va a preguntarte los precios que tú conoces.

Ahora podéis comprobar si os habéis entendido bien mirando las dos páginas del libro.

¿Cuánto cuesta este/esta...?
¿Cuánto cuestan estos/estas...?
Numerales
Léxico de las prendas de vestir

Tu compañero/a va a preguntarte algunos precios que no sabe. Luego, tú le vas a preguntar los que a ti te faltan.

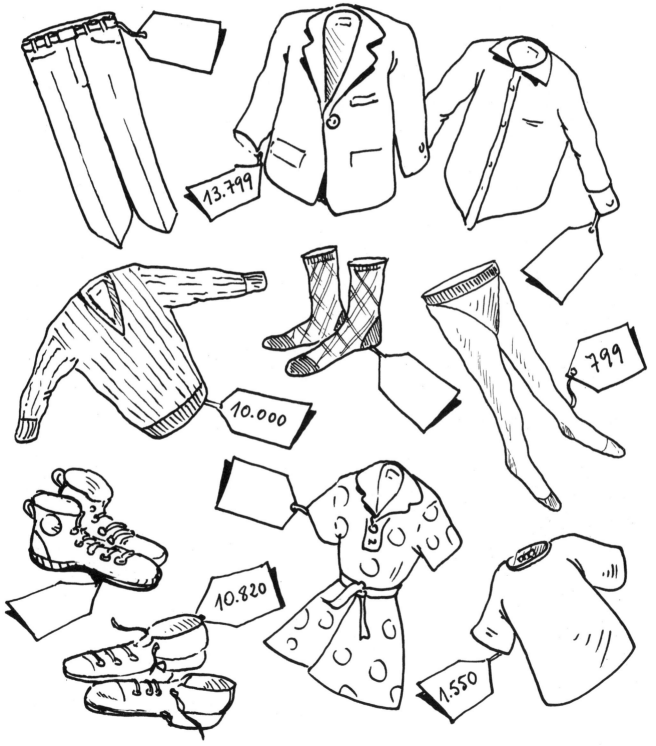

Ahora podéis comprobar si os habéis entendido bien mirando las dos páginas del libro.

¿Te/le gusta/n...?
¿Qué te gusta más, ...o ...?
¿Ud/tú sabe/s + Infinitivo?
Sí, me gusta muchísimo/mucho/bastante.
No, no me gusta mucho/nada.
Me gusta más...
Preguntas sobre actividades habituales

Has decidido hacerle un regalo a tu compañero/a para su cumpleaños. En las imágenes tienes algunas ideas pero no estás seguro. Hazle preguntas sobre sus gustos y costumbres para poder tomar una decisión.

Ahora que ya sabes muchas cosas sobre sus gustos y costumbres y ya has tomado, seguramente, una decisión, cuéntasela al resto de la clase y explica tus razones.

Has decidido hacerle un regalo a tu compañero/a para su cumpleaños. En las imágenes tienes algunas ideas pero no estás seguro. Hazle preguntas sobre sus gustos y costumbres para poder tomar una decisión.

> ¿**Te/le gusta/n...?**
> ¿**Qué te gusta más, ...o ...?**
> ¿**Ud/tú sabe/s** + *Infinitivo***?**
> **Sí, me gusta muchísimo/mucho/bastante.**
> **No, no me gusta mucho/nada.**
> **Me gusta más...**
> *Preguntas sobre actividades habituales*

Ahora que ya sabes muchas cosas sobre sus gustos y costumbres y ya has tomado, seguramente, una decisión, cuéntasela al resto de la clase y explica tus razones.

¿Te/le/les/...gusta/n... (a X)?
Sí, muchísimo/mucho/bastante.
No, no mucho.
No, nada.
¿Qué te gusta más,...o...?

Pregúntale a tu compañero/a sobre los gustos de estas personas y marca en tu cuadro sus respuestas. Él/ella no sabe sobre qué le vas a preguntar ni sobre quién. Luego, él/ella hará lo mismo.

	el pescado	viajar	esquiar	los animales	leer	el cine	la música	las plantas
tu compañero/a								
su pareja (si tiene)								
sus padres								
su mejor amigo								
su mejor amiga								
su hermano mayor (si tiene)								
su hermana (si tiene)								
su suegro/a (si tiene)								
su jefe								

Pregúntale a tu compañero/a ahora cuáles de estas cosas le gustan más.

Tu compañero/a va a hacerte una serie de preguntas sobre tus gustos o los de gente que tú conoces. Luego tú tienes que hacer lo mismo para rellenar el siguiente cuadro.

> ¿Te/le/les/...gusta/n... (a X)?
> Sí, muchísimo/mucho/bastante.
> No, no mucho.
> No, nada.
> ¿Qué te gusta más,...o...?

	los gatos	el chocolate	los helados	pasear	nadar	conducir	el arroz	el té
su mejor amiga								
su madre								
tu compañero/a								
su pareja (si tiene)								
su mejor vecino								
sus hermanos (si tiene)								
sus hijos (si tiene)								
su suegro (si tiene)								

Pregúntale a tu compañero/a ahora cuáles de estas cosas le gustan más.

¿Le/les gusta/n a X...?
Sí, muchísimo/mucho/bastante.
No, no mucho.
No, nada.

Habla con tu compañero/a de los gustos de la gente. Tú no sabes los de algunos personajes y él/ella no sabe los de otros.

MARISA	los dulces	mucho	☺
HILARIO	la playa	?	
ÁLVARO	los perros	no mucho	😐
JULIA	ir en avión	bastante	☺
SR. Y SRA. RUIZ	cantar	?	
EVA Y LUIS	el teatro	?	
MAGDALENA	el jazz	?	
CARLOS	cocinar	mucho	☺
IVÁN	ver la tele	nada	☹
TERESA Y ELISA	la paella	?	
ÓSCAR Y TOMÁS	el marisco	bastante	☺

Ahora podéis mirar los dos cuadros para ver si os habéis entendido bien.

¿Le/les gusta/n a X...?
Sí, muchísimo/mucho/bastante.
No, no mucho.
No, nada.

Habla con tu compañero/a de los gustos de la gente. Tú no sabes los de algunos personajes y él/ella no sabe los de otros.

MARISA	los dulces	?	
HILARIO	la playa	bastante	☺
ÁLVARO	los perros	?	
JULIA	ir en avión	?	
SR. Y SRA. RUIZ	cantar	mucho	☺
EVA Y LUIS	el teatro	no mucho	☹
MAGDALENA	el jazz	nada	☹
CARLOS	cocinar	?	
IVÁN	ver la tele	?	
TERESA Y ELISA	la paella	mucho	☺
ÓSCAR Y TOMÁS	el marisco	?	

Ahora podéis mirar los dos cuadros para ver si os habéis entendido bien.

> *Yo creo que a X le gusta/n...*
>
> *Pues a mí me parece que a X le gusta/n...*

Aquí tienes unos dibujos que representan una serie de prototipos españoles y una serie de cosas. Sabes perfectamente lo que les gusta a algunos, pero, ¿te imaginas lo que les gusta a los otros? Inténtalo y, luego, trata de ponerte de acuerdo con tu compañero/a.

> *Yo creo que a X le gusta/n...*
>
> *Pues a mí me parece que a X le gusta/n...*

Aquí tienes unos dibujos que representan una serie de prototipos españoles y una serie de cosas. Sabes perfectamente lo que les gusta a algunos, pero, ¿te imaginas lo que les gusta a los otros? Inténtalo y, luego, trata de ponerte de acuerdo con tu compañero/a.

> *todos los días/fines de semana/lunes/...*
> *(casi) siempre/normalmente/a veces/...*
> *(casi) nunca*
> *¿A qué hora...?*
> *¿Dónde...?*
> *¿Qué...?*
> *¿Con quién?*
> *¿Cuándo...?*
> *Léxico de las actividades cotidianas **(levantarse, acostarse, desayunar, comer, cenar, etc.)***

Hazle a tu compañero/a todas las preguntas necesarias para saber todas estas cosas sobre sus costumbres. Toma notas porque, después, tendrás que explicárselo al resto de la clase.

HORA DE LEVANTARSE LOS DÍAS LABORABLES

HORA Y LUGAR DE LA COMIDA LOS DOMINGOS

DEPORTE/S QUE PRACTICA Y CUÁNDO

SÁBADOS POR LA NOCHE (QUÉ HACE, DÓNDE, CON QUIÉN)

CENAS (DÓNDE, CON QUIÉN, HORA)

DESAYUNOS (QUÉ)

DOMINGOS POR LA TARDE

HORA DE ENTRADA Y SALIDA DEL TRABAJO

DOMINGOS POR LA MAÑANA

> *todos los días/fines de semana/lunes/...*
> *(casi) siempre/normalmente/a veces/...*
> *(casi) nunca*
> *¿A qué hora...?*
> *¿Dónde...?*
> *¿Qué...?*
> *¿Con quién?*
> *¿Cuándo...?*
> *Léxico de las actividades cotidianas (**levantarse, acostarse, desayunar, comer, cenar, etc.**)*

Hazle a tu compañero/a todas las preguntas necesarias para saber todas estas cosas sobre sus costumbres. Toma notas porque, después, tendrás que explicárselo al resto de la clase.

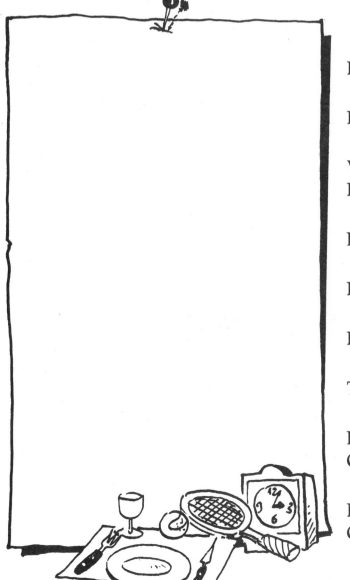

HORA DE LA COMIDA

HORARIO DE TRABAJO

VIERNES POR LA TARDE (QUÉ HACE, DÓNDE, CON QUIÉN)

FINES DE SEMANA EN VERANO

HORA A LA QUE SE ACUESTA

HORAS QUE DUERME

TIPO DE CENA

DEPORTE/S QUE PRACTICA Y CUÁNDO

HORA A LA QUE VUELVE A CASA NORMALMENTE

5.2.

> *¿A qué hora...?*
> *Desde... hasta...*
> *De... a...*
> *A la/las...*

Imagínate que necesitas saber:
— los horarios de los aviones Sevilla - Madrid
— los horarios del Talgo nocturno Madrid - Barcelona
— la hora de la conferencia "Los españoles, ¿un pasado perfecto o imperfecto?"
— la hora del último "Telediario" en TVE
— el horario de la matrícula para el próximo curso.

Imagínate, además, que tu compañero/a es, en cada ocasión, un/a empleado/a de Iberia, un/a empleado/a de Renfe, un/a amigo/a tuyo/a, un/a compañero/a de piso y un/a responsable de la escuela donde estudias español. ¿Por qué no le pides información? Recuerda que no siempre la podrás pedir del mismo modo.

Imagínate ahora que tú eres:

— un/a buen/a amigo/a de tu compañero/a
— el/la secretario/a del doctor Cáriez
— un/a responsable de Iberia (Vuelos Internacionales)
— un/a profesor/a de español

Dale, en cada caso, la información que te pide de la forma más adecuada a la relación que tenéis en cada situación.

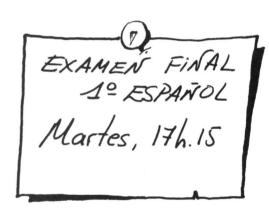

EXAMEN FINAL
1º ESPAÑOL
Martes, 17h.15

AEROPUERTO DE BARAJAS SALIDAS			
LH	1910	HAMBURGO	07.25 h.
IB	560	PALMA DE MALLORCA	08.32 h.
IB	670	FRANKFURT	11.45 h.
IB	1570	BARCELONA	11.50 h.
LH	1840	FRANKFURT	12.15 h.

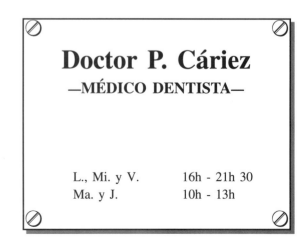

Doctor P. Cáriez
—MÉDICO DENTISTA—

L., Mi. y V.	16h - 21h 30
Ma. y J.	10h - 13h

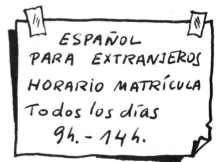

> ¿A qué hora...?
> Desde... hasta...
> De... a...
> A la/las...

Imagínate ahora que tú eres:
—un/a empleado/a de Iberia
—un/a empleado/a de Renfe
—un/a amigo/a de tu compañero/a
—un/a compañero/a de piso
—un/a responsable de la escuela donde él/ella estudia español.

Dale, en cada caso, la información que te pide de la forma más adecuada a la relación que tenéis en cada situación.

TVE 1

NOCHE

edad, acaba de casarse con Gloria, una institutriz de la que espera un heredero, que se haga cargo de la empresa de transportes que hoy dirige. (Ver sección «Películas»).
23.25 A debate. Coloquio moderado por Josep María Balcells.

MADRUGADA

0.25 Diario noche. Informativo presentado por Matías Prats.
0.45 Punto de vista. Presenta Antonio Martín Benítez.
0.55 Semblanzas. Luis Rosales. Rosales, perteneciente a la denominada Generación del 36, nace en Granada en 1910, ciudad en donde realiza sus estudios.
1.50 Testimonio. Religioso. «Testigos de la hora décima».
1.55 Despedida y cierre.

La 2 (TVE)

...cos y violentos.
23.05 Escalofríos con... Patricia Higsmith. «Un curioso siucidio». Dirección: Bob Bierman. Intérpretes: Nicol Williamson. Un doctor americano y su mujer están de vacaciones en Inglaterra, y ambos tienen una misma obsesión: él una vieja pasión; ella gastar dinero.

0.00 «Zoom Zoom». Aproximación a la vida cotidiana de los animales que viven en libertad.
0.30 Cine club. «La sombra de un recuerdo». 1978. 86 minutos. D.: José Antonio Barrero. I.: Manuel Tejada, Sara Lezana y Mirta Miller. La ciudad comienza a alarmarse ante la repentina aparición de mujeres salvajemente violadas y asesinadas. (Ver sección «Películas»).
2.00 Despedida y cierre.

AEROPUERTO DE SEVILLA — SALIDAS

AV	348	ALICANTE	16.48 h.
IB	546	MADRID	17.24 h.
AF	1239	PARIS	18.50 h.
IB	560	MADRID	19.05 h.

ESTACIÓN DE CHAMARTÍN MADRID

SALIDAS

Barcelona Talgo	9.34h.
Sevilla	11.45h.
Barcelona Expreso	12.38h.
Barcelona Talgo	16.04h.

CONFERENCIAS

A las 19h 30, en el Círculo de Bellas Artes de Madrid, Justo Cuadrado impartirá la conferencia: "El círculo, ese enigma."

En la sala de conferencias del Ateneo de esta ciudad, Bendito Problema hablará, a las 20h sobre: "Los españoles, ¿pasado perfecto o imperfecto?"

Claro que tú también necesitas ciertas informaciones. Quieres saber:
— la hora de cena en casa de tu compañero/a
— el horario de consulta de tu dentista, el doctor Cáriez
— el horario de los vuelos de Madrid a Frankfurt
— la hora de examen de español

ESPAÑOL
PARA EXTRANJEROS
HORARIO MATRÍCULA
Todos los días
9h. - 14h.

5.3.

¿Cuándo...?
¿A qué hora...?
Después de/antes de...
Siempre/casi siempre/normalmente/a veces/casi nunca/nunca
¿Qué hace/s...?

Aquí tienes un recorte de prensa que comenta una estadística. Léetelo un momento.

El 97% de los seres humanos hacen todos los días las mismas cosas

Alcorcón.- Según un estudio realizado por el Centro Superior de Manipulaciones Estadísticas del Comportamiento Social del Hombre (C.S.M.E.C.S.H.), el 97% de los humanos, sin diferencias de sexo ni profesión o raza, hacemos todos los días las mismas cosas. Así, si una persona se ducha antes de tomar café casi nunca tomará café antes de ducharse. La gente que se limpia los dientes cuando se levanta, antes de hacer nada más, el resto de sus días se limpiará los dientes antes que nada y se sentirá muy mal si, algún día, no puede hacerlo así. Sólo un 3% de los humanos no tienen costumbres tan fijas. Normalmente, cuando a una persona se le pregunta si hace todos los días lo mismo, responde que no, pero cuando se hacen preguntas concretas: cuándo toma el primer café, cuándo se limpia los dientes, cuándo lee el periódico, cuándo va al baño, qué hace antes de acostarse, qué hace inmediatamente después de comer, qué desayuna, etc., se observa que repiten exactamente las mismas cosas prácticamente todos los días de su vida. Los científicos se preguntan ahora qué tienen de especial las personas que pertenecen a ese 3%: ¿son antisociales?, ¿están más cerca de los chimpancés que del hombre?, ¿son seres de otro planeta?

Sería interesante saber si tu compañero/a pertenece a ese 3% o no, ¿verdad?¿Por qué no le haces tú una encuesta para saberlo? Pero acuérdate de lo que dice el periódico: hay que preguntar sobre pequeñas cosas para saber la verdad...

Aquí tienes un recorte de prensa que comenta que las personas que hacen unas determinadas cosas pueden llegar a ser asesinos. Léetelo un momento.

El comportamiento de los asesinos en potencia
Todo lo que usted necesita saber para evitarlos

Torrejón.- Un grupo de famosos antropólogos de todo el mundo han celebrado en nuestra ciudad un Congreso para determinar el comportamiento habitual de los asesinos. Ayer mismo presentaron a la prensa un informe en el que afirmaban que casi todos los asesinos hacen lo siguiente:

- Cuando se levantan, ponen la cafetera, se limpian los dientes, apagan el café, se duchan, desayunan escuchando las noticias de la radio o de la televisión, retiran los platos a la cocina y se van.
- Cuando vuelven a casa, se sacan todas las monedas de los bolsillos y las llaves y las echan encima de la mesa del comedor, se cambian de ropa y de zapatos, leen la correspondencia, tiran los papeles del banco y la propaganda a la papelera, miran en la nevera, bajan al supermercado si falta algo, sacan la basura a los "containers" cuando bajan al supermercado.
- Después de cenar, ven un rato la tele, se limpian los dientes, se ponen crema en la cara, preparan la ropa del día siguiente (nunca preparan la ropa la misma mañana), miran si el gas está apagado, ponen el despertador y necesitan leer un poco antes de dormir. Algunos rezan o leen versículos de la Biblia o de cualquier otro libro religioso.

Tú, en realidad, sabes muy poco de tu compañero/a. ¿Y si es uno/a de esos asesinos en potencia que dice el informe? Tienes un sistema para descubrirlo: ve haciéndole preguntas para saber qué cosas hace él/ella, pero no debe notar tu intención. Puede ser peligroso.

¿Qué día quedamos/nos vemos?
¿Qué tal el (próximo)...?
por la mañana/tarde/noche/al mediodía
para desayunar/comer/tomar café/cenar/...
No, el...no puedo. Mejor otro día/el...
Tengo que...
Tengo una cita/una reunión/un compromiso/...

Tú y tu compañero/a sois dos multimillonarios: tú, además, eres una famosa estrella cinematográfica, y él/ella, un/a famoso/a hombre/mujer de negocios. Vivís parte del año en vuestras mansiones de Marbella, os habéis encontrado y buscáis un momento para comer o cenar juntos. Pero, claro, los multimillonarios están muy ocupados y no será fácil encontrar un día y una hora que os vaya bien a los dos. Consulta tu agenda y ponte de acuerdo con él/ella.

> ¿Qué día quedamos/nos vemos?
> ¿Qué tal el (próximo)...?
> por la mañana/tarde/noche/al mediodía
> para desayunar/comer/tomar café/cenar/...
> No, el...no puedo. Mejor otro día/el...
> Tengo que...
> Tengo una cita/una reunión/un compromiso/...

Tú y tu compañero/a sois dos multimillonarios: tú, además, eres un/a famoso/a hombre/mujer de negocios, y él/ella, una famosa estrella del cine. Vivís parte del año en vuestras mansiones de Marbella, os habéis encontrado y buscáis un momento para comer o cenar juntos. Pero, claro, los multimillonarios están muy ocupados y no será fácil encontrar un día y una hora que os vaya bien a los dos. Consulta tu agenda y ponte de acuerdo con él/ella.

> *Le/me duele/n... (un poco/mucho/muchísimo)...*
> *Tengo un dolor (horrible/muy fuerte/...) en...*
> *Tiene que...*
> *¿Puedo...?*
> *Sí, puede/No, no puede...*
> *encontrarse bien/mal/peor/mejor/...cuando...*
> *tener tos/fiebre/dolor de cabeza/dolor de estómago/...*
> *marearse*
> *antes de/después de*
> *Recursos para hablar de hábitos*
> *Nombres de las partes del cuerpo*

Tú eres un/a médico, un/a muy buen médico. Tu compañero/a es un/a paciente que tiene una serie de síntomas.

Deberás hacerle preguntas y escuchar lo que te explica:

— observar qué le pasa y dónde le duele
— formular un diagnóstico
— darle un tratamiento
— preguntarle sobre sus costumbres

HOSPITAL SOCORRO, CALLE DOLORES 13

SÍNTOMAS

Le duele

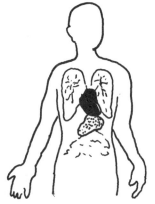

¿Tiene tos/fiebre...?
¿Se marea...?
¿Se encuentra peor/mejor cuando.../ después de/ antes de...?

¿QUÉ COSTUMBRES TIENE?

	mucho	poco	regular
Come			
Fuma			
Toma café			
Duerme			
Trabaja			
Bebe			

Practica algún deporte (¿Cuál?¿Cuándo?)

¿QUÉ TIENE?

la gripe

estrés

problemas de corazón

problemas de estómago

hepatitis

problemas de riñón

la tensión muy alta

otra cosa

¿PUEDE O NO PUEDE?

fumar

correr

comer grasas

comer fruta

beber alcohol

ir a trabajar

jugar al golf

ir a la playa

beber leche

comer huevos

¿QUÉ TIENE QUE HACER?

dormir más

hacerse unos análisis de sangre

andar cada día una hora

volver dentro de una semana

comer mucha fruta

tomar vitaminas

ponerse unas inyecciones

ir a ver a un especialista de...

comer menos carne

Vas a ver a un/a famoso/a médico porque desde hace unos días no te encuentras bien y tienes síntomas un poco raros. Tienes que:
— explicarle qué te pasa
— preguntarle qué puedes hacer y qué no
— interesarte por el diagnóstico y el tratamiento

Le/me duele/n... (un poco/mucho/muchísimo)...
Tengo un dolor (horrible/muy fuerte/...) en...
Tiene que...
¿Puedo...?
Sí, puede/No, no puede...
encontrarse bien/mal/peor/mejor/...cuando...
tener tos/fiebre/dolor de cabeza/dolor de estómago/...
marearse
antes de/después de
Recursos para hablar de hábitos
Nombres de las partes del cuerpo

TE DUELE/N

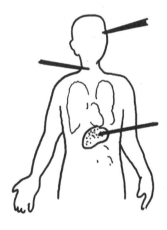

TE ENCUENTRAS PEOR EN ALGUNAS SITUACIONES:

A TI TE GUSTA MUCHO

fumar

correr

comer grasas y carne

comer fruta

beber coñac

jugar al golf

ir a la playa

beber leche

comer huevos

TODOS LOS DÍAS

tomas unos seis cafés

corres cinco kilómetros

comes muchísimo

fumas diez cigarrillos

trabajas diez horas

duermes seis horas

bebes medio litro de vino y dos coñacs

TIENES QUE...

¿Hay un/una... por aquí (cerca)?
¿Dónde hay un/una...?
¿Dónde está el/la...?
¿El/la... está por aquí cerca?
Hay uno/una...
Está...
al final de/enfrente de/al lado de
en...
entre...y...
a la izquierda/derecha
después/antes de

Tu compañero/a y tú estáis en una ciudad que ninguno de los dos conocéis muy bien. Tú necesitas encontrar los lugares de la lista.

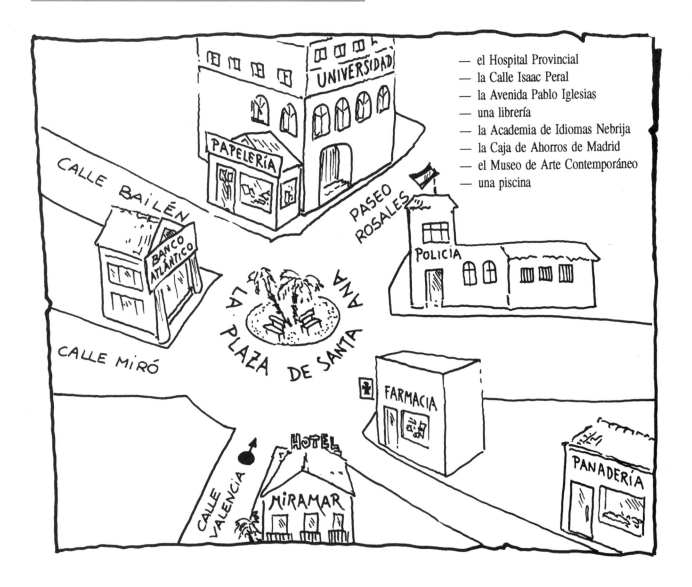

— el Hospital Provincial
— la Calle Isaac Peral
— la Avenida Pablo Iglesias
— una librería
— la Academia de Idiomas Nebrija
— la Caja de Ahorros de Madrid
— el Museo de Arte Contemporáneo
— una piscina

Hazle preguntas para completar tu plano. Él/ella también te preguntará algunas cosas.

> ¿Hay un/una... por aquí (cerca)?
> ¿Dónde hay un/una...?
> ¿Dónde está el/la...?
> ¿El/la... está por aquí cerca?
> Hay uno/una...
> Está...
> al final de/enfrente de/al lado de
> en...
> entre...y...
> a la izquierda/derecha
> después/antes de

Tu compañero/a y tú estáis en una ciudad que ninguno de los dos conocéis muy bien. Tú necesitas encontrar los lugares de la lista.

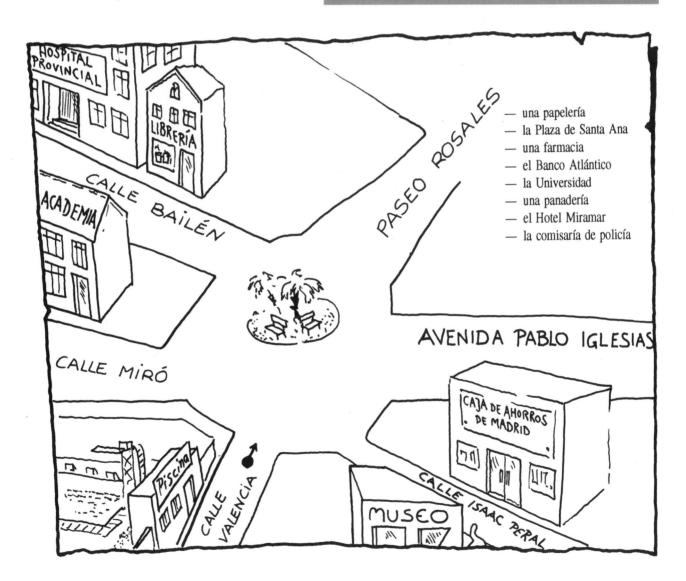

— una papelería
— la Plaza de Santa Ana
— una farmacia
— el Banco Atlántico
— la Universidad
— una panadería
— el Hotel Miramar
— la comisaría de policía

Hazle preguntas para completar tu plano. Él/ella también te preguntará algunas cosas.

> *¿Quiere/s...?*
> *¿Le/te apetece...?*
> *¿Puedo...? Es que...*
> *Sí, claro/por supuesto,* + *Imperativo*
> *Sí, gracias.*
> *No, gracias, ahora no/no puedo...*
> *No, de verdad, gracias.*
> *¿Tiene/s...?*
> *¿Por qué no...?*

Un conocido tuyo ha ido a visitarte a tu casa sin avisar. Léete estas fichas para saber en qué situación tienes que actuar.

Como eres un/a buen/a anfitrión/a tienes que invitarle a tomar algo.
Tienes:

No fumas, no tienes tabaco en casa y te molesta el humo.

Tienes mucha hambre, tu amigo/a no se va y ya es hora de cenar. En la nevera sólo hay...

Tienes calor y la ventana está abierta.

El teléfono está en tu habitación.

En la tele hay un partido de tenis que te interesa mucho. Está a punto de empezar. Además, no tienes ganas de salir porque esperas una llamada y estás muy cansado/a.

> ¿Quiere/s...?
> ¿Le/te apetece...?
> ¿Puedo...? Es que...
> Sí, claro/por supuesto, + *Imperativo*
> Sí, gracias.
> No, gracias, ahora no/no puedo...
> No, de verdad, gracias.
> ¿Tiene/s...?
> ¿Por qué no...?

Has ido a visitar a un/a conocido/a tuyo/a. Tienes ganas de quedarte un rato hablando con él/ella pero necesitas/ te pasan algunas cosas. Léete estas fichas para saber en qué situación tienes que actuar.

Tienes mucha sed pero no puedes tomar ninguna bebida excitante.

Quieres seguir hablando con tu amigo. Le propones salir a tomar algo.

Estás resfriado y tienes un poco de frío. La ventana está abierta.

Es la hora de cenar pero no tienes hambre. Has comido mucho al mediodía. Lo único que te apetece es algo de fruta.

Tienes que hacer una llamada telefónica urgente.

Tienes ganas de fumar pero no tienes tabaco.

¿Qué vas a hacer con...?
Voy a... porque...
lo/la/los/las
quedármelo/la/los/las
regalárselo/la/los/las a...
venderlo/la/los/las
tirarlo/la/los/las a la basura

Tu compañero/a y tú habéis participado en un concurso de la televisión y habéis tenido mucha suerte. Tú has ganado todas estas cosas. ¿Qué vas a hacer con ellas? Puedes venderlas, regalarlas a alguien o quedártelas. Primero piénsalo un poco, toma decisiones y luego responde a las preguntas de tu compañero/a.

VAS A...

venderlo/la/los/las

quedártelo/la/los/las

regalárselo/la/los/las a

tirarlo/la/los/las a la basura

¿Y él/ella? ¿Qué va a hacer con todos estos premios? Señala con flechas y reacciona según sus respuestas.

VA A...

quedárselo/la/los/las

regalárselo/la/los/las a

venderlo/la/los/las

tirarlo/la/los/las a la basura

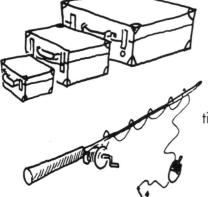

Tu compañero/a y tú habéis participado en un concurso de la televisión y habéis tenido mucha suerte, él/ella ha ganado todas estas cosas. ¿Qué va a hacer él/ella con sus premios? Primero déjale pensar un poco y luego pregúntale qué va a hacer, señala con flechas y reacciona según sus respuestas.

> **¿Qué vas a hacer con...?**
> **Voy a... porque...**
> **lo/la/los/las**
> **quedármelo/la/los/las**
> **regalárselo/la/los/las a...**
> **venderlo/la/los/las**
> **tirarlo/la/los/las a la basura**

VA A...

quedárselo/la/los/las

regalárselo/la/los/las a

venderlo/la/los/las

tirarlo/la/los/las a la basura

¿Y tú? ¿Qué vas a hacer con todos estos premios?

VAS A...

venderlo/la/los/las

quedártelo/la/los/las

regalárselo/la/los/las a

tirarlo/la/los/las a la basura

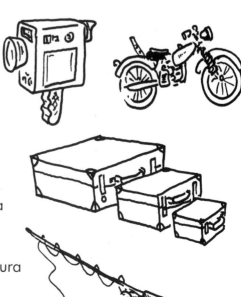

> **¿Quién es...?**
> **Es un/una...mío/mía.**
> **Es mi...**
> **Estudiamos/trabajamos/...juntos**
> *Léxico de las relaciones sociales y de parentesco*

Estas personas tienen algún tipo de relación con tu compañero/a. Hazle preguntas hasta saber quiénes son todos.

① PABLO
② MARÍA
③ ERNESTO
④ PATRICIA
⑤ RAMONA
⑥ ANTONIO

NOMBRE	RELACIÓN CON ÉL/ELLA
_____	_____
_____	_____
_____	_____
_____	_____
_____	_____
_____	_____

Ahora imagina que estas personas tienen alguna relación contigo. Decide, primero, qué tipo de relación y anótalo. Tu compañero/a te hará preguntas para saberlo.

NOMBRE	RELACIÓN CONTIGO
_____	_____
_____	_____
_____	_____
_____	_____
_____	_____
_____	_____

① JULIO
② MARÍA JOSÉ
③ ANA
④ ESTHER
⑤ ENRIQUE
⑥ ROBERTO

Imagina que estas personas tienen alguna relación contigo. Decide qué tipo de relación y anótalo. Tu compañero/a te hará preguntas para saberlo.

> **¿Quién es...?**
> **Es un/una...mío/mía.**
> **Es mi...**
> **Estudiamos/trabajamos/...juntos**
> *Léxico de las relaciones sociales y de parentesco*

NOMBRE	RELACIÓN CONTIGO
_____	_____
_____	_____
_____	_____
_____	_____
_____	_____
_____	_____

Estas personas tienen alguna relación con tu compañero/a. Hazle preguntas hasta saber qué relación tiene con cada una de ellas.

NOMBRE	RELACIÓN CON ÉL/ELLA
_____	_____
_____	_____
_____	_____
_____	_____
_____	_____
_____	_____

¿Cómo se llama...?
¿Quién es...?
Léxico de las relaciones de parentesco
Posesivos

Haz todas las preguntas necesarias a tu compañero/a hasta averiguar cómo se llaman todos los miembros de la familia Martínez y qué tipo de relación tienen entre ellos.

Irene
Eva
Luis
Inés
Pepa
Emilia
Manuel
Isidro
Fermín
Lucas
Eulalia
Mercedes
Jacinto

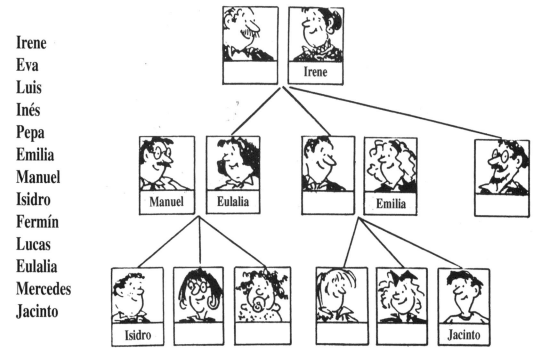

Ahora, hazle preguntas a tu compañero/a hasta poder dibujar el árbol genealógico de su familia.

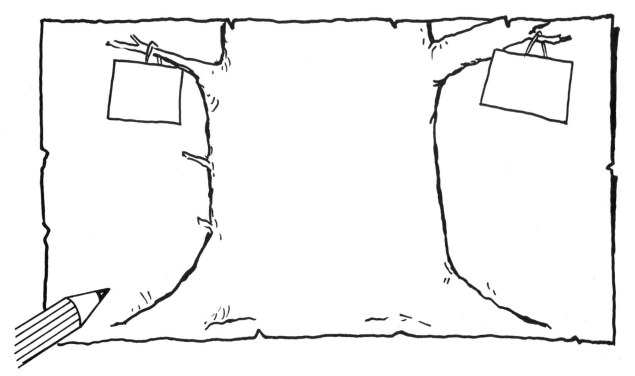

¿Cómo se llama...?
¿Quién es...?
Léxico de las relaciones de parentesco
Posesivos

Haz todas las preguntas necesarias a tu compañero/a hasta averiguar cómo se llaman todos los miembros de la familia Martínez y qué tipo de relación tienen entre ellos.

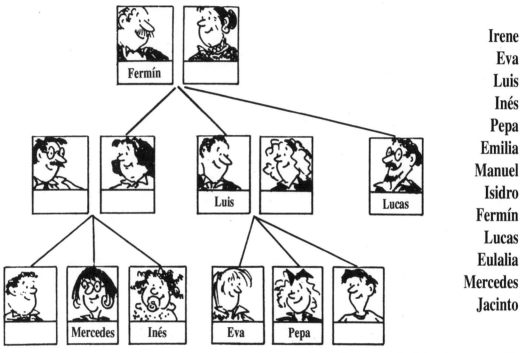

Irene
Eva
Luis
Inés
Pepa
Emilia
Manuel
Isidro
Fermín
Lucas
Eulalia
Mercedes
Jacinto

Ahora, hazle preguntas a tu compañero/a hasta poder dibujar el árbol genealógico de su familia.

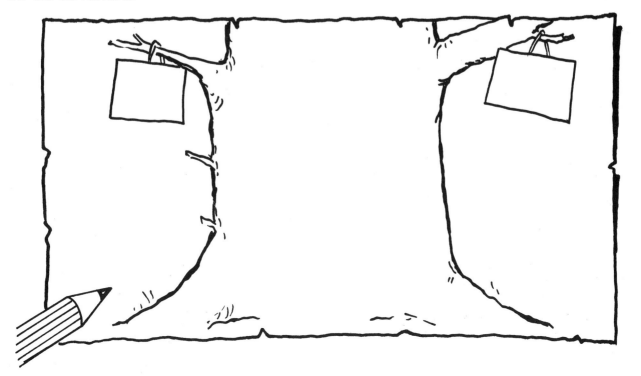

¿Diga?
¿Está...?
¿No es el + número de teléfono?
No, se equivoca.
Soy...
¿Quiere dejarle algún recado?

Vas a mantener una serie de conversaciones telefónicas con tu compañero/a. Primero tienes que decir el número al que llamas y luego seguir las instrucciones de cada ficha. Cuando te llama él/ella, tienes que reaccionar a lo que diga.

① Llamas al 2.34.56.71.

Quieres hablar con Pablo González, un amigo tuyo.

El 2.34.56.71 es el número que Pablo te dio.

② Llamas al 3.56.22.30.

Quieres hablar con el Sr./ la Sra. Pueyo.

Tienes que decirle que esta tarde no puedes ir a verlo/la.

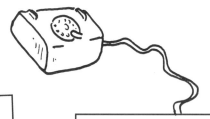

③ Tu número es el 4.41.23.14.

Eres la madre/el padre de Maite.

Maite está de viaje.

Va a volver el sábado próximo.

④ Tu número es el 5.90.08.76.

Tú te llamas Carlos/Carla.

Alguien te llama. Tú no le conoces.

Vas a mantener una serie de conversaciones telefónicas con tu compañero/a. Primero tienes que decir el número al que llamas y luego seguir las instrucciones de cada ficha. Cuando te llama él/ella, tienes que reaccionar a lo que diga.

> **¿Diga?**
> **¿Está...?**
> **¿No es el** + *número de teléfono*?
> **No, se equivoca.**
> **Soy...**
> **¿Quiere dejarle algún recado?**

④ **Llamas al 5.90.08.76.**

Quieres hablar con Carlos/Carla, un/a amigo/a tuyo/a.

Tú te llamas Ernesto/Ernestina.

Carlos reacciona de una manera muy rara. ¿Es realmente tu amigo Carlos/tu amiga Carla?

Tu número es el 3.56.22.30. ②

Eres el/la secretario/a del Sr./Sra. Pueyo.

Esta mañana no está en la oficina.

No sabes cuándo va a volver.

① Tu número es el 2.34.56.71.

Tú no te llamas Pablo y en tu casa no vive ningún Pablo.

Llamas al 4.41.23.14. ③

Quieres hablar con Maite, una amiga tuya.

No tienes nada especial que decirle. Sólo querías hablar un rato con ella.

Vas a volver a llamarla en otro momento.

7.4.

Concretar citas
Valorar objetos
Recados por teléfono

Entre tu compañero/a y tú tenéis varios diálogos completos, él/ella, la parte de un interlocutor, y tú, la otra. Tenéis que organizarlos entre los dos como un puzzle.

PUZZLE 1

• ¿El Sr. Palacio, por favor?

• No, no, es igual. Le llamo dentro de un rato.

• De Ignacio Ríos.

• ¿Sabe usted a qué hora va a llegar?

• Adiós.

PUZZLE 2

• Es un poco pronto. Mejor a las siete.

• Hasta luego.

• De acuerdo. En mi casa.

• ¿A qué hora quedamos?

PUZZLE 3

• Un poco grande, ¿no?

• Sí, para ti me parece un poco grande...

• Pruébatelo, a ver...

Entre tu compañero/a y tú tenéis varios diálogos completos, él/ella, la parte de un interlocutor, y tú, la otra. Tenéis que organizarlos entre los dos como un puzzle.

> Concretar citas
> Valorar objetos
> Recados por teléfono

PUZZLE 1

- Adiós.
  - ¿Quiere que le dé algún recado?
- No está. Ha salido un momento.
  - ¡Diga!
  - De acuerdo.
- No, ni idea. ¿De parte de quién?

PUZZLE 2

- Pues hasta luego.
  - ¿A las seis te va bien?
- Vale, a las siete, en tu casa.

PUZZLE 3

- No sé...
  - ¿Grande? ¿Tú crees?
  - ¿Qué te parece éste?

> *¿Ha/s ... esta semana?*
> *Sí, una vez/varias veces/X veces.*
> *Sí, el jueves/el otro día/ayer/...*
> *No, esta semana no.*
> *No, yo nunca...*
> *Por ejemplo,...*
> *Léxico del carácter*

Eres psicólogo/a, trabajas para una empresa y tienes que entrevistar a tu compañero/a, que está pasando unas pruebas de selección de personal. Pero, claro está, no puedes hacerle preguntas muy directas. Para obtener información sobre su carácter pregúntale si esta semana ha hecho alguna de estas cosas. Acuérdate de que tienes que formular las preguntas usando el Pretérito Perfecto.

	SÍ	NO	X VECES
conocer a alguien interesante			
hacer algún regalo a alguien			
discutir con alguien			
pasar un mal rato			
ver algún programa horrible en la tele			
perder algo importante			
tomar una buena decisión			
gastar demasiado			
llegar tarde a una cita			
tener una conversación interesante			
pasarle algo divertido			

Ahora, tienes que interpretar la información que te ha dado y explicar al resto de la clase (que va a ser la comisión de contratación de la empresa) cómo crees que es tu compañero/a y por qué. Fíjate especialmente en si:

— tiene buen carácter
— es comunicativo/a
— tiene sentido del humor
— es responsable
— es puntual
— es una persona segura de sí misma
— es generoso/a
— es activo/a
— es ordenado/a
— es sincero/a

Te has presentado para un puesto de trabajo y el/la psicólogo/a de la empresa te va a hacer una serie de preguntas. Para el tipo de trabajo que es tú crees que tienes que demostrar ser una persona muy comunicativa, muy dinámica y con capacidad organizativa.

> ¿Ha/s ... esta semana?
> **Sí, una vez/varias veces/X veces.**
> **Sí, el jueves/el otro día/ayer/...**
> **No, esta semana no.**
> **No, yo nunca...**
> **Por ejemplo,...**
> *Léxico del carácter*

Piensa primero si esta semana te ha pasado alguna de estas cosas:

	SÍ	NO	X VECES
conocer a alguien interesante			
hacer algún regalo a alguien			
discutir con alguien			
pasar un mal rato			
ver algún programa horrible en la tele			
perder algo importante			
tomar una buena decisión			
gastar demasiado			
llegar tarde a una cita			
tener una conversación interesante			
pasar algo divertido			

Tienes que decidir qué le vas a contar y qué no al/la psicólogo/a. Recuerda que estás muy interesado/a en conseguir ese puesto de trabajo y, naturalmente, puedes mentir un poco.

Después de los comentarios del/la psicólogo/a sobre tu carácter (va a interpretar la encuesta ante toda la clase), explícales a tus compañeros/as la verdad, cómo eres en realidad, con algunos ejemplos de lo que te ha pasado esta semana.

> ¿Ha/s ido alguna vez a...?
> ¿Ha/s estado alguna vez en...?
> Sí, una vez/X veces.
> No, nunca.
> Sí, fui/estuve...
> El verano/año/... pasado.
> En 1990/marzo/Navidades/...
> Hace unos años/mucho tiempo/...

Estás participando en un concurso para un magnífico viaje, de diez días con todo pagado, a Andalucía.

Para lograrlo tienes que hacerle a tu compañero/a al menos diez preguntas sobre cosas que ha podido hacer en el pasado. Si contesta usando cinco o más Indefinidos, has ganado tú.

Vamos a poner un ejemplo:

Si a la pregunta: "¿Has ido alguna vez a México?", tu compañero/a responde: "No, nunca", tú has hecho bien una de tus diez posibles preguntas pero no has conseguido una respuesta con Indefinido.

Estos son algunos temas sobre los que puedes preguntar:
viajes (España, Hispanoamérica, Africa,...)
tener algún accidente, robo,...
perder un avión, un tren,...
tener novio/a o estar casado/a alguna vez
tocar algún premio o perder todo su dinero
ver un OVNI o un fantasma
engañar a su marido/mujer
vivir en otro país

Ahora eres tú quien tiene que conseguir contestar a las diez preguntas de tu compañero/a. Usa todas las veces que puedas el Indefinido, pero, eso sí, no puedes mentir.

Vamos a poner un ejemplo:

Si tu compañero/a te pregunta: "¿Has ido alguna vez a México?" y, realmente, nunca has estado en México puedes contestar: "No, nunca", pero si has estado en México tendrás que contestar usando Indefinido: "Sí, (estuve) en...".

> ¿Ha/s ido alguna vez a...?
> ¿Ha/s estado alguna vez en...?
> Sí, una vez/X veces.
> No, nunca.
> Sí, fui/estuve...
> El verano/año/...pasado.
> En 1990/marzo/Navidades/...
> Hace unos años/mucho tiempo/...

Estás participando en un concurso para ganar un magnífico viaje, de diez días con todo pagado, a Andalucía.

Para lograrlo tienes que conseguir contestar a las diez preguntas de tu compañero/a sin usar ni un sólo Indefinido, pero, eso sí, no puedes mentir.

Vamos a poner un ejemplo:

Si tu compañero/a te pregunta: "¿Has ido alguna vez a México?" y, realmente, nunca has estado en México puedes contestar: "No, nunca", pero si has estado en México tendrás que contestar usando Indefinido: "Sí, (estuve) en..."

Ahora eres tú quien tiene que hacerle a tu compañero/a al menos diez preguntas sobre cosas que ha podido hacer en el pasado. Si contesta usando cinco o más Pretéritos Perfectos, has ganado tú.

Vamos a poner un ejemplo:

Si a la pregunta: "¿Has ido alguna vez a México?", tu compañero/a responde: "Sí, hace dos años", tú has hecho bien una de tus diez posibles preguntas pero no has conseguido una respuesta con Pretérito Perfecto.

Estos son algunos temas sobre los que puedes preguntar:

viajes (España, Hispanoamérica, África,...)
tener algún accidente, robo,...
perder un avión, un tren,...
tener novio/a o estar casado/a alguna vez
tocar algún premio o perder todo su dinero
ver un OVNI o un fantasma
engañar a su marido/mujer
vivir en otro país

> *¿Qué hiciste...?*
> *Estuve en ... con ...*
> *Fui a ... con ...*
> *¿Y qué tal?*
> *Muy bien/bien/bastante bien/regular/fatal/bastante aburrido/*
> *muy divertido/... porque...*
> *Por la mañana/por la tarde/por la noche/al mediodía.*
> *Días de la semana*
> *Imperfecto/Indefinido*

A partir de estas fichas, imagina qué hiciste. Une con flechas, como en el ejemplo, cada elemento de un cuadro con los otros de los demás cuadros. Eso servirá de base a tu historia.

CUÁNDO
domingo por la mañana
ayer por la tarde
sábado por la noche
fin de semana pasado
anoche

CON QUIÉN
mi mujer/mi marido
unos amigos
mis padres
una compañera de clase
mi hermano

DÓNDE
cine
fiesta de cumpleaños
Sevilla
partido de tenis
de compras

QUÉ TAL
bien
bastante bien
regular
fatal
muy bien
muy divertido

PORQUE...
era una película muy buena.
....
....
....
....

Ahora hazle tú preguntas para saber qué hizo él/ella...

— el viernes por la tarde
— anoche
— el sábado por la tarde
— ayer después de comer
— el fin de semana pasado

> *¿Qué hiciste...?*
> *Estuve en ... con ...*
> *Fui a ... con ...*
> *¿Y qué tal?*
> *Muy bien/bien/bastante bien/regular/fatal/bastante aburrido/*
> *muy divertido/... porque...*
> *Por la mañana/por la tarde/por la noche/al mediodía*
> *Días de la semana*
> *Imperfecto/Indefinido*

Hazle preguntas a tu compañero para saber qué hizo...

> — el domingo por la mañana
> — ayer por la tarde
> — el sábado por la noche
> — el fin de semana pasado
> — anoche

Si no te lo explica espontáneamente, pregúntale con quién estuvo, a dónde fue, qué tal lo pasó, por qué u otras cosas que te interese saber.

Ahora tú tienes que contarle a tu compañero/a lo que hiciste. Invéntalo a partir de los elementos de los cuadros. Une con flechas, como en el ejemplo, cada elemento de un cuadro con los otros de los demás cuadros. Eso servirá de base a tu historia.

CUÁNDO
el viernes por la tarde
anoche
el sábado por la tarde
ayer después de comer
el fin de semana pasado

CON QUIÉN
una amiga
mi hermana
mi madre
unos amigos
un compañero/a de la oficina

DÓNDE
Barcelona
tomar unas copas
fútbol
ver a una amiga
concierto

QUÉ TAL
estupendo
bastante bien
regular
muy bien
fatal
muy divertido
muy aburrido

PORQUE...
Es una ciudad muy
interesante
....
....
....
....

8.4.

¿Dónde estuviste/estuvo primero?
Primero/luego/después...
¿Cómo fuiste/fue de...a...?
¿Cuántos días estuviste/estuvo en...?
¿(Y) qué tal en...?
Muy bien/bien/regular/no muy bien/muy mal/fatal.
Imperfectos: **estaba/había/era/tenía/hacía...**
Indefinidos: **estuve/fui/tuve/hice...**

Tu compañero/a ha hecho un largo viaje por España. Ha estado en los lugares señalados en este mapa pero tienes que hacerle preguntas para saber:
— el orden en que los visitó
— qué tal le fue en cada sitio y por qué
— cuánto tiempo estuvo
— cómo fue de un lugar a otro

Nº de días _____
¿Qué tal...? _____
¿Por qué? _____
Cosas interesantes _____
_____

Nº de días _____
¿Qué tal...? _____
¿Por qué? _____
Cosas interesantes _____
_____

BARCELONA

SALAMANCA

Nº de días _____
¿Qué tal...? _____
¿Por qué? _____
Cosas interesantes _____

MADRID

PALMA DE MALLORCA

Nº de días _____
¿Qué tal...? _____
¿Por qué? _____
Cosas interesantes _____

VALENCIA

Nº de días _____
¿Qué tal...? _____
¿Por qué? _____
Cosas interesantes _____

GRANADA

Nº de días _____
¿Qué tal...? _____
¿Por qué? _____
Cosas interesantes _____
_____

Has hecho un largo viaje por España. Tu compañero/a está muy interesado en saber todos los detalles. Responde a todas sus preguntas y dale toda la información según esta descripción:

¿Dónde estuviste/estuvo primero?
Primero/luego/después...
¿Cómo fuiste/fue de...a...?
¿Cuántos días estuviste/estuvo en...?
¿(Y) qué tal en...?
Muy bien/bien/regular/no muy bien/muy mal/fatal.
Imperfectos: **estaba/había/era/tenía/hacía...**
Indefinidos: **estuve/fui/tuve/hice...**

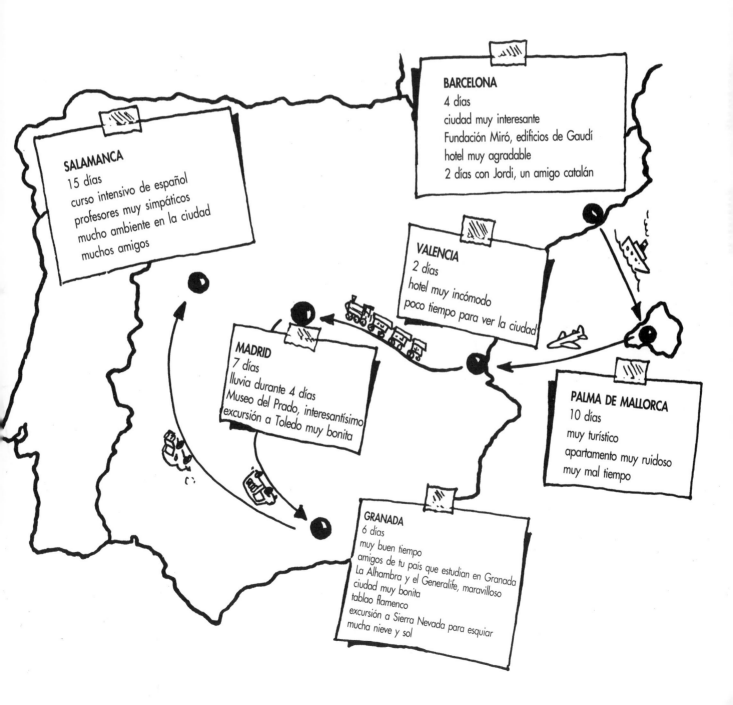

SALAMANCA
15 días
curso intensivo de español
profesores muy simpáticos
mucho ambiente en la ciudad
muchos amigos

BARCELONA
4 días
ciudad muy interesante
Fundación Miró, edificios de Gaudí
hotel muy agradable
2 días con Jordi, un amigo catalán

VALENCIA
2 días
hotel muy incómodo
poco tiempo para ver la ciudad

MADRID
7 días
lluvia durante 4 días
Museo del Prado, interesantísimo
excursión a Toledo muy bonita

PALMA DE MALLORCA
10 días
muy turístico
apartamento muy ruidoso
muy mal tiempo

GRANADA
6 días
muy buen tiempo
amigos de tu país que estudian en Granada
La Alhambra y el Generalife, maravilloso
ciudad muy bonita
tablao flamenco
excursión a Sierra Nevada para esquiar
mucha nieve y sol

> *¿Qué significa...?*
> *Es una especie/un tipo de...*
> *Creo/me parece que...*
> *Parece un/una...*
> *Sirve para...*
> *Es como un/una...*

Tu compañero/a tiene, desordenadas, las definiciones que algunos diccionarios dan de estas palabras. Son palabras españolas que a lo mejor no tiene correspondencia en tu lengua y, además, los diccionarios dan a veces explicaciones difíciles de entender para un extranjero. Tú tienes una idea aproximada a partir de los dibujos. Explícale más o menos qué es cada cosa. Él/ella te tiene que proponer una de las definiciones. Si no estáis seguros, podéis juntos consultar un diccionario bilingüe o monolingüe.

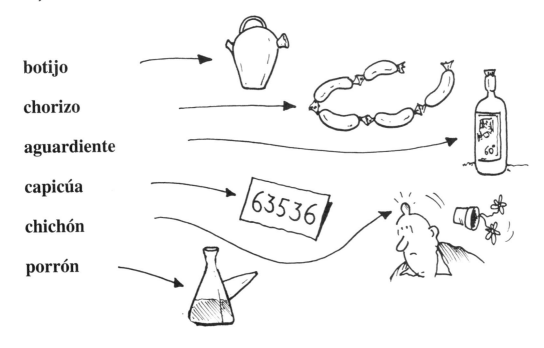

botijo

chorizo

aguardiente

capicúa

chichón

porrón

Ahora vais a hacerlo al revés: él/ella tiene los dibujos y las palabras y tú las definiciones.

— Fruto de la planta leguminosa del mismo nombre. Sus semillas se comen tostadas como golosinas.

— Trozo de masa de harina frita, cilíndrico, generalmente con las puntas unidas, que suele tomarse en el desayuno y que también se vende en fiestas populares.

— Bebida compuesta de café y coñac o anís que se consume después de comer o en otro momento del día.

— Instrumento musical gallego de viento provisto de una bolsa de cuero que se hincha con la boca mientras se toca y suministra el aire al tubo o tubos que suenan.

— Palito adornado y con punta de hierro que, en número de dos, clava el torero al toro en una de las suertes del toreo.

— Dícese familiarmente de aquella persona que se encuentra en estado de embriaguez por haber bebido alcohol.

Tu compañero/a tiene una serie de palabras y una idea aproximada de lo que significan. Son palabras que a lo mejor no tienen correspondencia en tu lengua y, además, los diccionarios dan a veces explicaciones difíciles de entender para un extranjero. Va a explicarte qué cree que es cada cosa y tú tienes que darle una de estas definiciones de diccionario

¿Qué significa...?
Es una especie/un tipo de...
Creo/me parece que...
Parece un/una...
Sirve para...
Es como un/una...

para cada palabra, la que crees que mejor le corresponde. Si no estáis seguros, podéis juntos consultar un diccionario bilingüe o monolingüe.

— Vasija de vidrio cónica, ancha y baja, con un cuello largo y un pitón, que se emplea para beber vino.

— Número cuyas cifras son simétricas, por ejemplo, 45654.

— Bulto que se forma a consecuencia de un golpe en la cabeza o en la frente.

— Embutido de cerdo, duro y muy rojo, que contiene mucho pimentón.

— Recipiente de barro poroso para guardar agua para beber que, gracias al efecto de la evaporación se conserva fresca.

— Bebida fuertemente alcohólica que se obtiene al destilar vino u otras substancias fermentables.

Ahora vais a hacerlo al revés: él/ella tiene las definiciones y tú tienes que explicarle qué es más o menos cada cosa a partir de los dibujos.

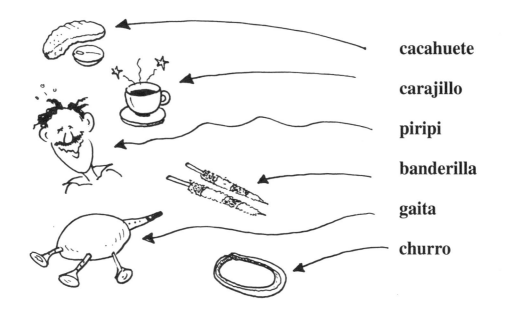

cacahuete

carajillo

piripi

banderilla

gaita

churro

9.2.

Puesta en contacto con las variedades del español
Información cultural sobre España e Hispanoamérica

Vamos a jugar al "Trivial". Tú tienes unas fichas y tu compañero/a tiene otras. Os vais a preguntar alternativamente. Ganará el que acierte más respuestas.

Las respuestas acertadas se cuentan así: si tu compañero/a te pregunta y tú contestas bien, tienes dos puntos por respuesta, y si tú le preguntas a tu compañero/a, él/ella no sabe la respuesta y tú contestas sin mirar la solución, tienes tres puntos.

¿Empezamos? Haz la primera pregunta.

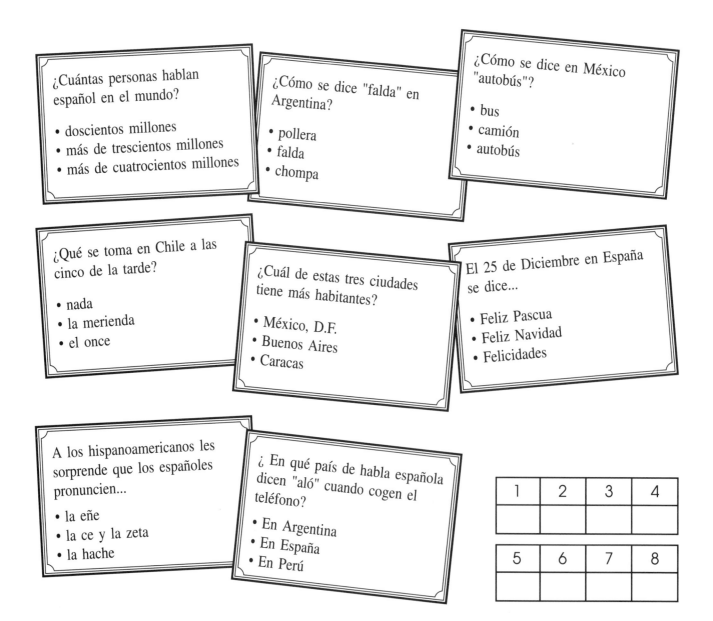

¿Cuántas personas hablan español en el mundo?

- doscientos millones
- más de trescientos millones
- más de cuatrocientos millones

¿Cómo se dice "falda" en Argentina?

- pollera
- falda
- chompa

¿Cómo se dice en México "autobús"?

- bus
- camión
- autobús

¿Qué se toma en Chile a las cinco de la tarde?

- nada
- la merienda
- el once

¿Cuál de estas tres ciudades tiene más habitantes?

- México, D.F.
- Buenos Aires
- Caracas

El 25 de Diciembre en España se dice...

- Feliz Pascua
- Feliz Navidad
- Felicidades

A los hispanoamericanos les sorprende que los españoles pronuncien...

- la eñe
- la ce y la zeta
- la hache

¿En qué país de habla española dicen "aló" cuando cogen el teléfono?

- En Argentina
- En España
- En Perú

1	2	3	4

5	6	7	8

Puesta en contacto con las variedades del español
Información cultural sobre España e Hispanoamérica

Vamos a jugar al "Trivial". Tú tienes unas fichas y tu compañero/a tiene otras. Os vais a preguntar alternativamente. Ganará el que acierte más respuestas.

Las respuestas acertadas se cuentan así: si tu compañero/a te pregunta y tú contestas bien, tienes dos puntos por respuesta, y si tú le preguntas a tu compañero/a, él/ella no sabe la respuesta y tú contestas sin mirar la solución, tienes tres puntos.

¿Empezamos? Tu compañero te va a hacer la primera pregunta.

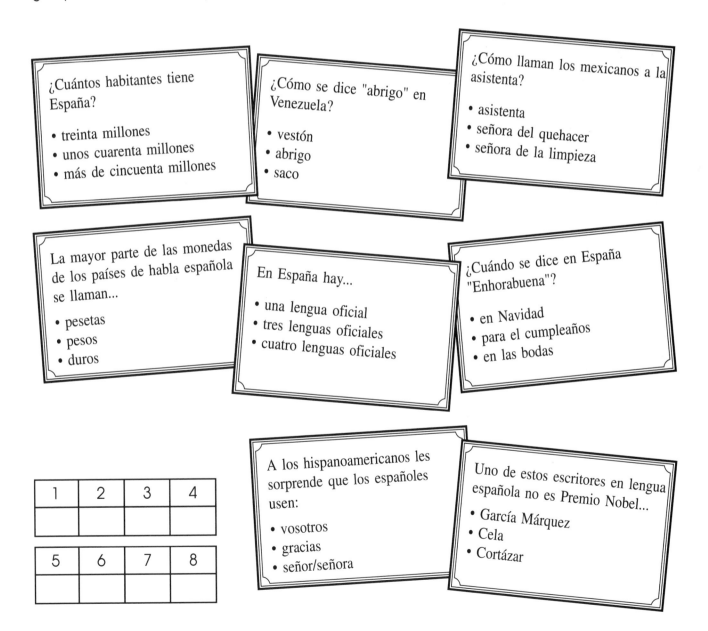

¿Cuántos habitantes tiene España?

- treinta millones
- unos cuarenta millones
- más de cincuenta millones

¿Cómo se dice "abrigo" en Venezuela?

- vestón
- abrigo
- saco

¿Cómo llaman los mexicanos a la asistenta?

- asistenta
- señora del quehacer
- señora de la limpieza

La mayor parte de las monedas de los países de habla española se llaman...

- pesetas
- pesos
- duros

En España hay...

- una lengua oficial
- tres lenguas oficiales
- cuatro lenguas oficiales

¿Cuándo se dice en España "Enhorabuena"?

- en Navidad
- para el cumpleaños
- en las bodas

A los hispanoamericanos les sorprende que los españoles usen:

- vosotros
- gracias
- señor/señora

Uno de estos escritores en lengua española no es Premio Nobel...

- García Márquez
- Cela
- Cortázar

1	2	3	4
5	6	7	8

Unos cuarenta millones/saco/señora del quehacer/pesos/cuatro lenguas oficiales/en las bodas/vosotros/Cortázar

9.3.

Aquí tienes una serie de preguntas para que reflexiones sobre tus hábitos cuando estudias lenguas. Contéstalas pensando muy bien las repuestas.

Cuando oyes una palabra nueva, ¿qué haces...?
- la repites mentalmente
- la repites verbalmente
- la escribes
- ....

¿Cuando estás leyendo un texto...?
- te paras cada vez que no entiendes algo
- intentas entender por el contexto
- te desanimas enseguida
- ....

¿Traduces...?
- todo
- sólo lo difícil
- de vez en cuando
- ....

¿Qué haces cuando no sabes cómo decir algo?
- preguntas
- te arriesgas a decir algo aunque esté mal
- te callas
- ....

Prefieres que te corrijan...
- cuando te equivocas
- cuando has terminado de hablar
- nunca
- ....

Te acuerdas más de algo cuando
- lo oyes
- lo ves
- lo escribes
- ....

Cuando escuchas una conversación en español, intentas...
- entender todas y cada una de las palabras
- entender el sentido
- entender sólo ciertas palabras clave
- ....

¿Por qué te preocupa usar bien el Imperfecto, el Indefinido, por ejemplo...?
- para usar bien la gramática
- para decir exactamente lo que quieres decir
- para tener buena nota en el examen
- ....

¿Escribes en español...?
- el mismo tipo de textos que en tu vida normal
- textos muy diferentes a los de tu vida normal
- nunca escribes en español
- ....

¿Qué te parecen los exámenes...?
- útiles y necesarios
- inútiles e innecesarios
- ....

Y, ahora, interésate por los hábitos de tu compañero/a. ¿Cómo reacciona él/ella en cada caso? Contrasta tus hábitos con los suyos.

Recursos para hablar de estrategias de aprendizaje de idiomas

Aquí tienes una serie de preguntas para que reflexiones sobre tus hábitos cuando estudias lenguas. Contéstalas pensando muy bien las repuestas.

¿Qué prefieres: deducir algo por el contexto, buscarlo en el diccionario o a veces haces una cosa y a veces otra?

¿Qué haces con las cosas nuevas que aprendes: las escribes, las repites, te basta con el trabajo de clase...?

¿Usas tu lengua materna para aprender una lengua extranjera o intentas olvidarla completamente?

¿Te molesta que tu profesor o tus amigos de habla española te corrijan tus errores o, por el contrario, te gusta y tú mismo les pides que te corrijan?

¿Cuando no sabes cómo decir algo, qué haces: preguntas, inventas, das un rodeo,...?

¿Tú qué tipo de memoria tienes: visual, auditiva,...?

¿Qué tal lo pasas cuando te examinas?

Cuando hablas en español, ¿qué te preocupa más: usar la gramática correctamente, o sea, no cometer faltas gramaticales, o conseguir que se entienda lo que tú quieres decir aunque haya alguna falta gramatical?

¿Sueles escribir en tu lengua materna?¿Y en español?¿Qué tipo de textos escribes: cartas, informes, artículos de prensa, notas,...?

¿Cuando estás escuchando algo, qué te interesa más: las palabras concretas que usan o el sentido de lo que dicen?

Y, ahora, interésate por los hábitos de tu compañero/a. ¿Cómo reacciona él/ella en cada caso? Contrasta tus hábitos con los suyos.

9.4.

**Recursos para hablar del
proceso de aprendizaje de una lengua**

Aquí tienes una serie de elementos para confeccionar tu propia escuela de español para extranjeros. Escoge los que más te interesan y piensa por qué.

profesores nativos no especializados

profesores nativos especializados

laboratorio de idiomas

vídeos

pizarra

muchos ejercicios individuales

muchos ejercicios con los compañeros/as

conseguir: entender, hablar, escribir y leer

conseguir: saber gramática y léxico

diccionarios

no traducir nunca

ordenador

ejercicios en pareja con sorpresas

cassettes con buenas conversaciones

cassettes con frases para repetir

exámenes

sol y playas

poder traducir a veces

canciones

lecturas fáciles

cultura general: arte, historia,...

mucha disciplina en clase

cada estudiante necesita cosas especiales

Ya has hecho la selección pero, cuando ibas a redactar un anuncio para enviar publicidad de tu centro, te das cuenta de que tienes muchos problemas económicos y de que necesitas un/a socio/a. Como sabes que tu compañero/a también quería crear una escuela de español, ¿por qué no le propones crear una juntos? Pero, recuerda, que tienes que negociar tus puntos de vista...

Ahora que ya os habéis puesto de acuerdo, ¿por qué no redactáis juntos un anuncio que describa la escuela que habéis fundado?

Recursos para hablar del
proceso de aprendizaje de una lengua

Aquí tienes una serie de elementos para confeccionar tu propia escuela de español para extranjeros. Escoge los que más te interesan y piensa por qué.

conseguir: entender, hablar, escribir y leer

conseguir: saber gramática y léxico

profesores nativos no especializados

exámenes

pizarra

profesores nativos especializados

laboratorio de idiomas

vídeos

muchos ejercicios individuales

muchos ejercicios con los compañeros/as

diccionarios

no traducir nunca

lecturas fáciles

cultura general: arte, historia,...

ejercicios en pareja con sorpresas

ordenador

sol y playas

cassettes con buenas conversaciones

cassettes con frases para repetir

poder traducir a veces

mucha disciplina en clase

canciones

cada estudiante necesita cosas especiales

Ya has hecho la selección pero, cuando ibas a redactar un anuncio para enviar publicidad de tu centro, te das cuenta de que tienes muchos problemas económicos y de que necesitas un/a socio/a. Como sabes que tu compañero/a también quería crear una escuela de español, ¿por qué no le propones crear una juntos? Pero, recuerda, que tienes que negociar tus puntos de vista...

Ahora que ya os habéis puesto de acuerdo, ¿por qué no redactáis juntos un anuncio que describa la escuela que habéis fundado?

el mío/la mía/los míos/las mías
el tuyo/la tuya/los tuyos/las tuyas
son iguales/casi iguales/parecidos/muy diferentes/completamente
diferentes/...
en cambio
en vez de
Tienen el mismo/la misma/...
Verbo + lo mismo/igual
Es (un poco/bastante/mucho) más...
más/menos
mejor/peor

Tu compañero/a y tú tenéis una serie de objetos del mismo tipo pero no sabéis si son iguales o no. Los dos tenéis un plano de un piso, unas botas, un profesor, etc. Hablad de sus características, comparadlos (sin mirar los dibujos del compañero/a) hasta saber si son iguales, parecidos o completamente diferentes.

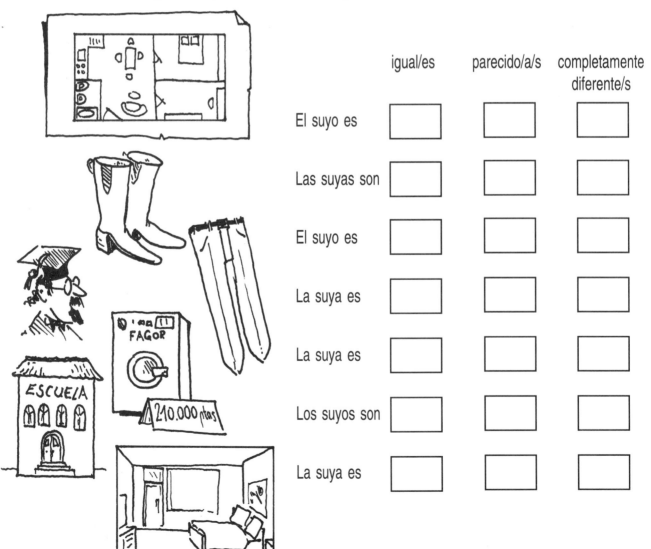

	igual/es	parecido/a/s	completamente diferente/s
El suyo es			
Las suyas son			
El suyo es			
La suya es			
La suya es			
Los suyos son			
La suya es			

el mío/la mía/los míos/las mías
el tuyo/la tuya/los tuyos/las tuyas
son iguales/casi iguales/parecidos/muy diferentes/completamente diferentes/...
en cambio
en vez de
Tienen el mismo/la misma/...
Verbo + lo mismo/igual
Es (un poco/bastante/mucho) más...
más/menos
mejor/peor

Tu compañero/a y tú tenéis una serie de objetos del mismo tipo pero no sabéis si son iguales o no. Los dos tenéis un plano de un piso, unas botas, un profesor, etc. Hablad de sus características, comparadlos (sin mirar los dibujos del compañero/a) hasta saber si son iguales, parecidos o completamente diferentes.

	igual/es	parecido/a/s	completamente diferente/s
El suyo es			
Las suyas son			
El suyo es			
La suya es			
La suya es			
Los suyos son			
La suya es			

> ¿Dónde está...?
> Al norte/sur/este/oeste/... de...
> Cerca de...
> Junto a...
> Entre... y ...
> En la costa mediterránea/atlántica/...

Aquí tienes un mapa de España en el que faltan los nombres de algunas de sus provincias. Haz todas las preguntas necesarias a tu compañero/a hasta completar el mapa.

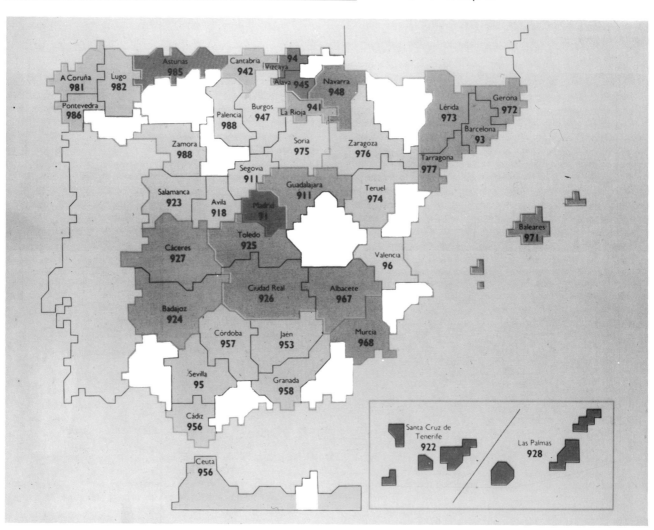

Las provincias españolas son:

ÁLAVA	BURGOS	GERONA	LUGO	PONTEVEDRA	TERUEL
ALBACETE	CÁCERES	GRANADA	MADRID	RIOJA (LA)	TOLEDO
ALICANTE	CÁDIZ	GUADALAJARA	MÁLAGA	SALAMANCA	VALENCIA
ALMERÍA	CASTELLÓN	GUIPÚZCOA	MELILLA	TENERIFE	VALLADOLID
ASTURIAS	CEUTA	HUELVA	MURCIA	SANTANDER	VIZCAYA
ÁVILA	CIUDAD REAL	HUESCA	NAVARRA	SEGOVIA	ZAMORA
BADAJOZ	CÓRDOBA	JAÉN	ORENSE	SEVILLA	ZARAGOZA
BALEARES	CORUÑA (LA)	LEÓN	PALENCIA	SORIA	
BARCELONA	CUENCA	LÉRIDA	PALMAS (LAS)	TARRAGONA	

Si queréis, comprobad ahora, mirando los dos mapas, que os habéis entendido bien.

Aquí tienes un mapa de España en el que faltan los nombres de algunas de sus provincias. Haz todas las preguntas necesarias a tu compañero/a hasta completar el mapa.

¿Dónde está...?
Al norte/sur/este/oeste/... de...
Cerca de...
Junto a...
Entre... y ...
En la costa mediterránea/atlántica/...

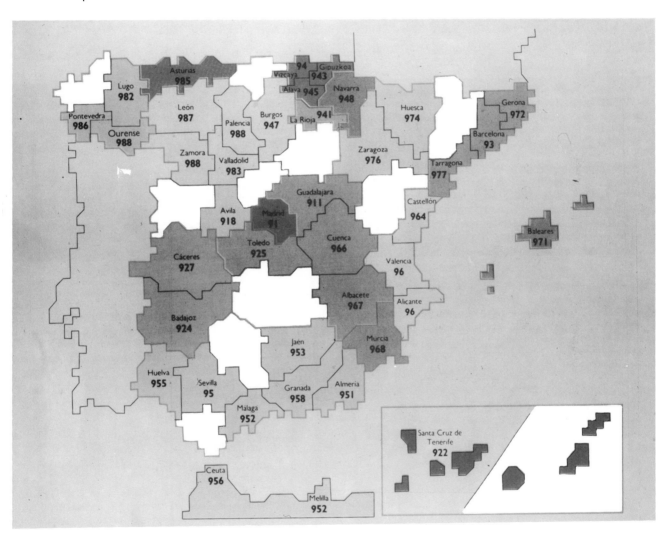

Las provincias españolas son:

ÁLAVA	BURGOS	GERONA	LUGO	PONTEVEDRA	TERUEL
ALBACETE	CÁCERES	GRANADA	MADRID	RIOJA (LA)	TOLEDO
ALICANTE	CÁDIZ	GUADALAJARA	MÁLAGA	SALAMANCA	VALENCIA
ALMERÍA	CASTELLÓN	GUIPÚZCOA	MELILLA	TENERIFE	VALLADOLID
ASTURIAS	CEUTA	HUELVA	MURCIA	SANTANDER	VIZCAYA
ÁVILA	CIUDAD REAL	HUESCA	NAVARRA	SEGOVIA	ZAMORA
BADAJOZ	CÓRDOBA	JAÉN	ORENSE	SEVILLA	ZARAGOZA
BALEARES	CORUÑA (LA)	LEÓN	PALENCIA	SORIA	
BARCELONA	CUENCA	LÉRIDA	PALMAS (LAS)	TARRAGONA	

Si queréis, comprobad ahora, mirando los dos mapas, que os habéis entendido bien.

> *El/la grande/gris/...*
> *El/la del centro/de la izquierda/de la derecha/de arriba/de abajo*
> *Arriba a la derecha/abajo a la izquierda/...*
> *El/la Sony/Philips/Bosch/...*

Tu compañero/a sabe todos los precios de estos objetos. Tienes que hacerle preguntas para saberlos tú y para ello tendréis que identificarlos. Recuerda que cuando ya sabéis de qué estáis hablando no vais a repetir una y otra vez la palabra si no que vais a usar **el/la/los/las** + *adjetivo*/**de...**/...

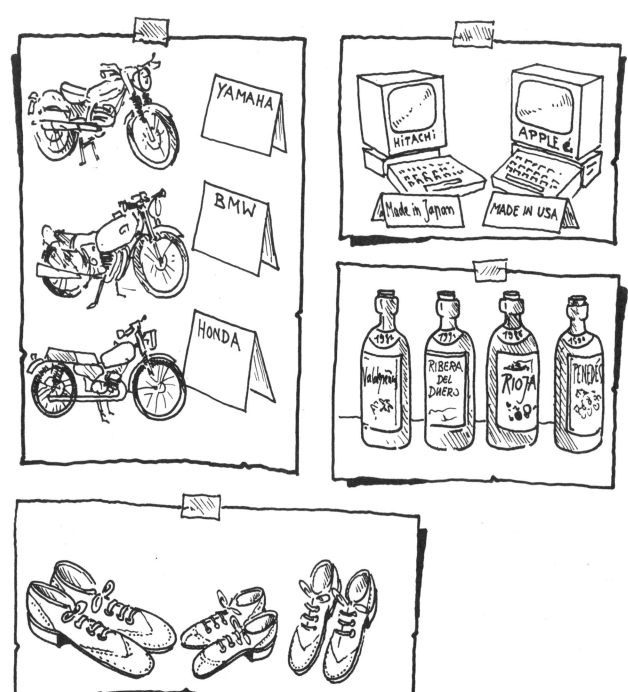

El/la **grande/gris/...**
El/la del **centro/de la izquierda/de la derecha/de arriba/de abajo**
Arriba a la derecha/abajo a la izquierda/...
El/la **Sony/Philips/Bosch/...**

Tu compañero/a no sabe los precios de estos objetos. Te va a hacer preguntas para saberlos y para ello tendréis que identificarlos. Recuerda que cuando ya sabéis de qué estáis hablando no se repite la palabra si no que se usa **el/la/los/las** + *adjetivo/de.../...*

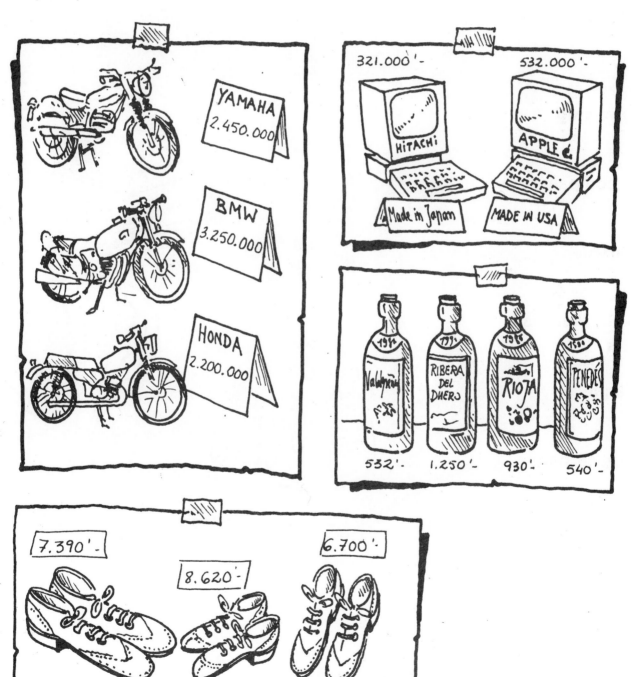

10.4.

> ¿De quién es este/a...?
> ¿De quién son estos/as...?
> Mío/a/os/as.
> Tuyo/a/os/as.
> De...

Tú sabes de quién son algunas de estas cosas y tu compañero/a sabe de quién son el resto. Hazle todas las preguntas necesarias para saber quién es el propietario de cada objeto.

Propietarios:

Tú mismo

Tu compañero/a

Eduardo

El Sr. Poncela

Manuela

Tú y tu pareja

¿De quién es este/a...?
¿De quién son estos/as...?
Mío/a/os/as.
Tuyo/a/os/as.
De...

Tú sabes de quién son algunas de estas cosas y tu compañero/a sabe de quién son el resto. Hazle todas las preguntas necesarias para saber quién es el propietario de cada objeto.

Propietarios:

Tú mismo

Tu compañero/a

Eduardo

El Sr. Poncela

Manuela

Tú y tu pareja

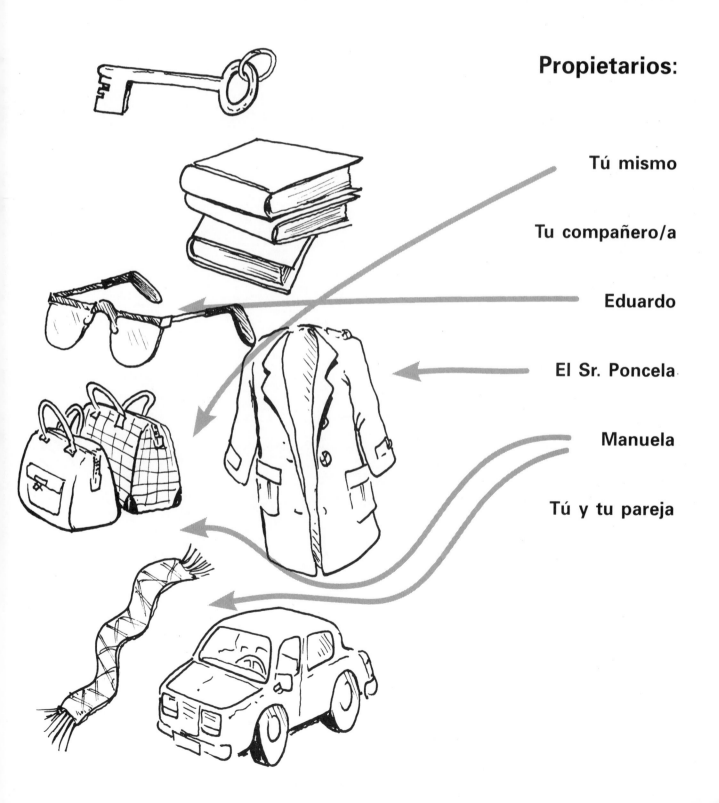

11.1.

Tu compañero/a y tú ibais a empezar a leer "El extraño caso del español", una novela de la célebre detective Lola Lago, pero se os han caído las hojas al suelo y ahora las tenéis desordenadas. ¿Por qué no las ordenáis para poder, luego, leer el capítulo?

¿Tenéis idea de quién robó los Imperfectos?¿Por qué?

> *Relatar*
> *Recursos para organizar un relato*
> *Formular hipótesis*

Tu compañero/a y tú ibais a empezar a leer "El extraño caso del español", una novela de la célebre detective Lola Lago, pero se os han caído las hojas al suelo y ahora las tenéis desordenadas. ¿Por qué no las ordenáis para poder, luego, leer el capítulo?

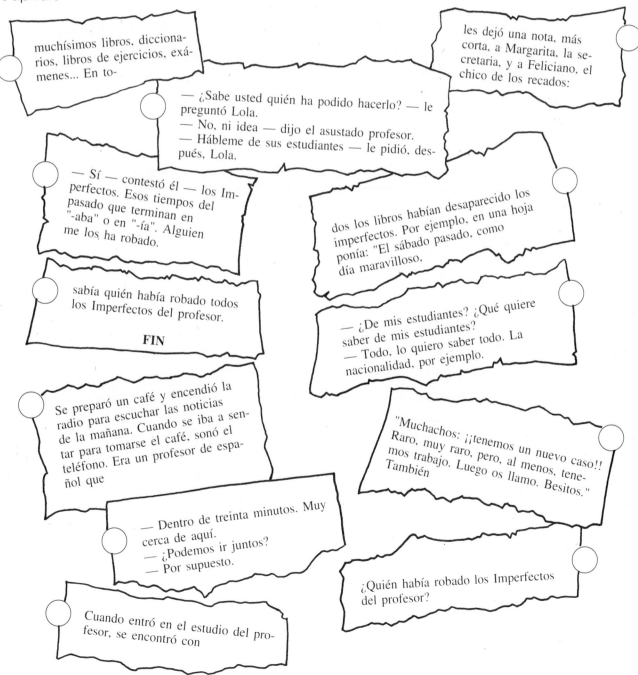

muchísimos libros, diccionarios, libros de ejercicios, exámenes... En to-

les dejó una nota, más corta, a Margarita, la secretaria, y a Feliciano, el chico de los recados:

— ¿Sabe usted quién ha podido hacerlo? — le preguntó Lola.
— No, ni idea — dijo el asustado profesor.
— Hábleme de sus estudiantes — le pidió, después, Lola.

— Sí — contestó él — los Imperfectos. Esos tiempos del pasado que terminan en "-aba" o en "-ía". Alguien me los ha robado.

dos los libros habían desaparecido los imperfectos. Por ejemplo, en una hoja ponía: "El sábado pasado, como día maravilloso,

sabía quién había robado todos los Imperfectos del profesor.

FIN

— ¿De mis estudiantes? ¿Qué quiere saber de mis estudiantes?
— Todo, lo quiero saber todo. La nacionalidad, por ejemplo.

Se preparó un café y encendió la radio para escuchar las noticias de la mañana. Cuando se iba a sentar para tomarse el café, sonó el teléfono. Era un profesor de español que

"Muchachos: ¡¡tenemos un nuevo caso!! Raro, muy raro, pero, al menos, tenemos trabajo. Luego os llamo. Besitos." También

— Dentro de treinta minutos. Muy cerca de aquí.
— ¿Podemos ir juntos?
— Por supuesto.

¿Quién había robado los Imperfectos del profesor?

Cuando entró en el estudio del profesor, se encontró con

¿Tenéis idea de quién robó los Imperfectos?¿Por qué?

Como...
Total que...
... y entonces...
... y de repente...
Relatar

Aquí tienes una serie de mensajes incompletos, pero con una indicación de lo que falta. Tu compañero/a tiene el resto. ¿Los podéis reconstruir entre los dos?

Como + *acontecimiento* + *acontecimiento*

Tenía un dolor de cabeza horrible + *conector* + *acontecimiento*

situaciones + *conector* + se puso a llover de una manera increíble y tuvimos que volver a casa.

conector + *situación* + nos fuimos a la playa y no imaginamos que, luego, iba a llover tanto.

Salimos con tiempo, pero el coche se estropeó y luego nos metimos en un atasco + *conector* + *acontecimiento*

Hemos estado estupendamente. La casa nos ha encantado y el pueblo, también. **Total, que** + *acontecimiento*

Como + *situación* + *acontecimiento*

situación + **y, entonces** + empezó a llorar como un loco.

Ayer por la noche, estaba ya en la cama pero no podía dormir + *conector* + *acontecimiento*

La situación estaba un poco tensa **y, por eso,** + *acontecimiento*

Como...
Total que...
... y entonces...
... y de repente...
Relatar

Aquí tienes una serie de mensajes incompletos, pero con una indicación de lo que falta. Tu compañero/a tiene el resto. ¿Los podéis reconstruir entre los dos?

Estaba muy triste, yo le estaba diciendo que le quería ayudar + *conector* + *acontecimiento*

situación + **y, por eso,** decidí no ir a esa maldita reunión.

conector + estaba de un mal humor horrible y no tenía ganas de discutir, he cogido el abrigo y me he ido a dar una vuelta.

Como hacía un día maravilloso, + *acontecimiento*

acontecimiento + nos hemos decidido y vamos a comprar la casa.

situación + **y, entonces,** decidí levantarme, vestirme y acercarme a casa de Paqui para charlar un rato.

conector + he conseguido el trabajo aquel, os invito a comer una mariscada.

acontecimientos + **Total, que** llegamos super tarde y ya no quedaba nadie.

situación + *conector* + no te invité a venir con nosotros.

Hacía un día maravilloso **y, de repente,** + *acontecimiento*

¿Quién...?	¿Cuál...?
¿Cuántos...?	¿Cómo...?
¿Qué...?	En 1936/1714/...
¿Cuándo...?	De 1936/...a 1939/...
¿En qué año...?	Relatar
¿Cuánto...?	

Tú sabes algunas cosas sobre la historia de España y tu compañero/a sabe otras. Hazle preguntas para completar tu información.

TÚ SABES...

Descubrimiento de América: año 1492.

Duración de la Guerra Civil española: 3 años.

Final de la Guerra Civil: abril, 1939.

Primeras elecciones democráticas: junio, 1977.

Primer Presidente democrático: Adolfo Suárez.

Entrada de España en el Mercado Común: 1986.

Lenguas oficiales: español, catalán, gallego y vasco.

NO SABES...

Nombre de los sindicatos españoles más importantes...

Capital de Colombia...

Número de habitantes de España...

Capital del País Vasco...

Nombre del Partido que ganó las elecciones en 1989...

Años que duran generalmente los estudios universitarios en España...

Número de personas que hablan español en el mundo...

Tú sabes algunas cosas sobre la historia de España y tu compañero/a sabe otras. Hazle preguntas para completar tu información.

¿Quién...?	¿Cuál...?
¿Cuántos...?	¿Cómo...?
¿Qué...?	En 1936/1714/...
¿Cuándo...?	De 1936/...a 1939/...
¿En qué año...?	Relatar
¿Cuánto...?	

LIBERTAD

TÚ SABES...

Nombre de los sindicatos españoles más importantes: C.C.O.O. (Comisiones Obreras) y U.G.T. (Unión General de Trabajadores)

Capital de Colombia: Bogotá.

Número de habitantes de España: unos 40 millones.

Capital del País Vasco: Vitoria.

Nombre del Partido que ganó las elecciones en 1989: P.S.O.E.

Años que duran generalmente los estudios universitarios en España: 4 ó 5 años.

Número de personas que hablan español en el mundo: más de 300 millones.

NO SABES...

Año del descubrimiento de América...

Duración de la Guerra Civil española...

Final de la Guerra Civil...

Primeras elecciones democráticas...

Nombre del Primer Presidente democrático...

Entrada de España en el Mercado Común...

Lenguas oficiales del Estado Español...

Como...
...y...
...y entonces...
...porque...
...y, por eso,...
unos días/un tiempo/...después
al cabo de unos días/un tiempo/...
Un día...
Recursos para relatar

Érase una vez el Príncipe Gordilonio. Aquí tienes su historia. Cuéntasela a tu compañero/a en pasado. Él/ella te hará preguntas si no entiende bien algo.

El Príncipe Gordilonio...

1. El Príncipe Gordilonio vive en Hispalolandia.

2. Le gusta mucho comer y está muy gordo. Siempre está solo y triste y come chocolate.

3. Un día va a una fiesta. En esa fiesta está la Princesa Rufina.

4. Entonces Gordilonio decide adelgazar para gustar a la Princesa. Está 25 días sin comer, corre y juega a squash.

5. Va a buscar a la Princesa. Está muy delgado. La Princesa está muy antipática con él.

6. Vuelve a comer mucho chocolate.

7. Encuentra de nuevo a la Princesa. Ésta se enamora locamente de él. Le gustan los gorditos.

8. Se casan y son felices.

9. Tienen muchos hijitos gorditos.

Ahora él, con toda la información que tú le has dado, tiene que resumirte la historia, para ver si la ha entendido bien.

Érase una vez el Príncipe Gordilonio. Tu compañero/a va a contarte su historia. Escúchale con atención, hazle preguntas si no entiendes bien algo o quieres más información y ordena las imágenes según la historia.

> *Como...*
> *...y...*
> *...y entonces...*
> *...porque...*
> *...y, por eso,...*
> **unos días/un tiempo/...después**
> **al cabo de unos días/un tiempo/...**
> **Un día...**
> *Recursos para relatar*

El Príncipe Gordilonio...

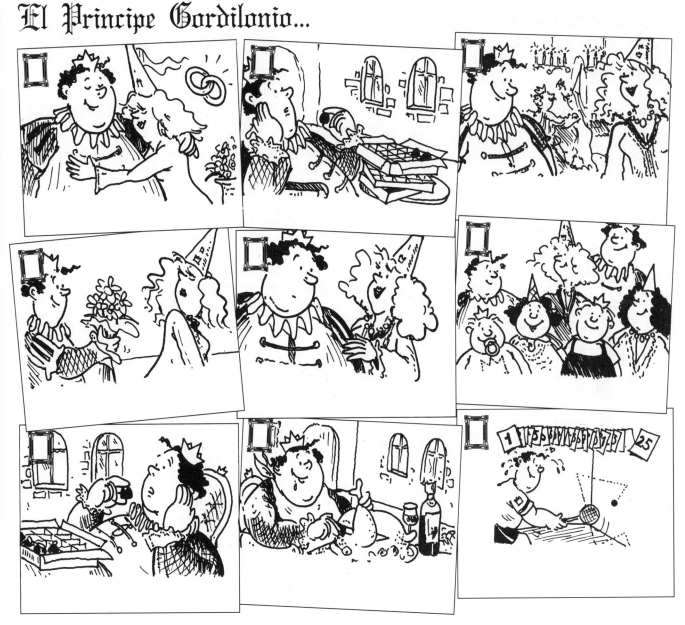

Ahora resúmele a tu compañero/a la historia del Príncipe Gordilonio para ver si la has entendido bien. Para ello te será útil mirar las imágenes, que ya has ordenado.

> *todos los días*
> *de vez en cuando*
> *a menudo*
> *cada X días/meses/...*
> *X veces al día/por semana/al mes/al año*
> *X + nombre + al día/por semana/...*
> *No...(casi) nunca*
> *¿...mucho/muy a menudo?*
> *¿Y tú?*
> *Yo, no.*
> *Yo, también.*
> *Yo, en cambio,...*
> *Depende (de...)*

Comenta con tu compañero/a la frecuencia con la que hacéis estas cosas. Con la información que él te dé tienes que decidir si:

+	-

— es una persona muy activa o no
— lleva una vida sana o no
— es muy sociable o no
— le gusta estar en casa o prefiere salir

leer poesía
ir al teatro
salir con amigos
practicar algún deporte
tocar un instrumento
hablar solo
dormir
cocinar
comer fruta
beber alcohol
tomar café
estar sentado
ir al campo
andar
desayunar bien
ir al cine
ir en coche

> *todos los días*
> *de vez en cuando*
> *a menudo*
> *cada X días/meses/...*
> *X veces al día/por semana/al mes/al año*
> *X + nombre + al día/por semana/...*
> *No...(casi) nunca*
> *¿...mucho/muy a menudo?*
> *¿Y tú?*
> *Yo, no.*
> *Yo, también.*
> *Yo, en cambio,...*
> *Depende (de...)*

Comenta con tu compañero/a la frecuencia con la que hacéis estas cosas. Con la información que él te dé tienes que decidir si:

+	-

— es una persona tranquila o nerviosa
— le gusta vivir bien o es muy austero
— le gusta la soledad o no
— tiene stress o no

leer poesía
ir al teatro
salir con amigos
practicar algún deporte
tocar un instrumento
hablar solo
dormir
cocinar
comer fruta
beber alcohol
tomar café
estar sentado
ir al campo
andar
desayunar bien
ir al cine
ir en coche

12.1.

> **¿A cuántos kilómetros está ...de...?**
> **A (unos)...kilómetros.**
> **Yo pienso ir de...a...(pasando por...)**

Estás planeando un viaje por España en coche, pero no quieres hacer más de 3.000 Km. Decide qué ciudades te gustaría visitar, averigua las distancias que no sabes entre esas ciudades haciendo preguntas a tu compañero/a y, finalmente, planea una ruta concreta. Luego, deberás explicar tus decisiones al resto de la clase.

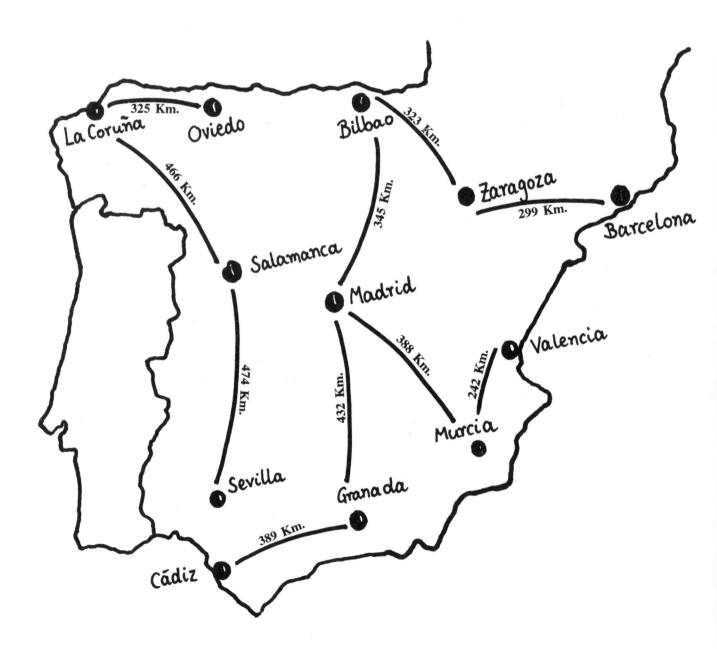

Mirad ahora los dos mapas juntos para comprobar si os habéis entendido bien.

> **¿A cuántos kilómetros está ...de...?**
> **A (unos)...kilómetros.**
> **Yo pienso ir de...a...(pasando por...)**

Estás planeando un viaje por España en coche, pero no quieres hacer más de 3.000 Km. Decide qué ciudades te gustaría visitar, averigua las distancias que no sabes entre esas ciudades haciendo preguntas a tu compañero/a y, finalmente, planea una ruta concreta. Luego, deberás explicar tus decisiones al resto de la clase.

Mirad ahora los dos mapas juntos para comprobar si os habéis entendido bien.

> *Perdone/a, ¿para ir a...?*
> *¿Está lejos...?*
> *Mire/a...*
> *Primero..., luego... y después/entonces,...*
> *Pasará/s por*
> *Llegará/s a...*
> *Tiene/s que...*
> *Lo mejor es...*
> *Está a (unos) X kilómetros (de...)*
> *Recursos para explicar una ruta*

Estás en Palma de Mallorca y quieres ir a los pueblos de la lista pero no sabes cómo. Pregúntaselo a tu compañero/a. (En su mapa sí están). Él/ella te preguntará cómo ir a algunos pueblos que no están en su mapa. Explícaselo mirando el tuyo.

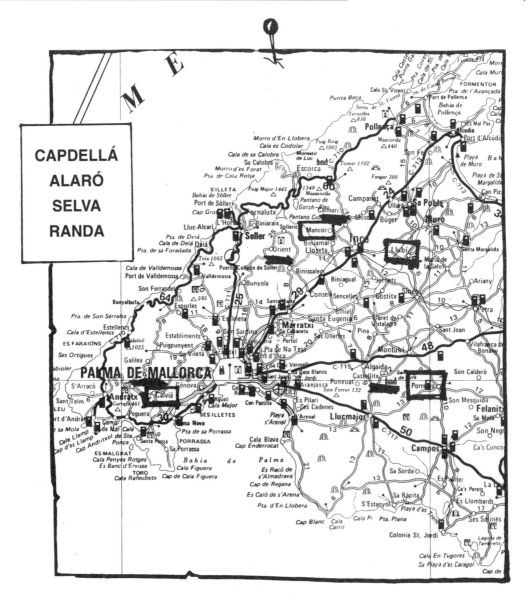

CAPDELLÁ
ALARÓ
SELVA
RANDA

Ahora, mirad los dos mapas juntos para ver si os habéis entendido bien.

> Perdone/a, ¿para ir a...?
> ¿Está lejos...?
> Mire/a...
> Primero..., luego... y después/entonces,...
> Pasará/s por
> Llegará/s a...
> Tiene/s que...
> Lo mejor es...
> Está a (unos) X kilómetros (de...)
> *Recursos para explicar una ruta*

Estás en Palma de Mallorca y quieres ir a los pueblos de la lista pero no sabes cómo. Pregúntaselo a tu compañero/a. (En su mapa sí están). Él/ella te preguntará cómo ir a algunos pueblos que no están en su mapa. Explícaselo mirando el tuyo.

MANCOR
PORRERES
CALVIÁ
LLUBÍ

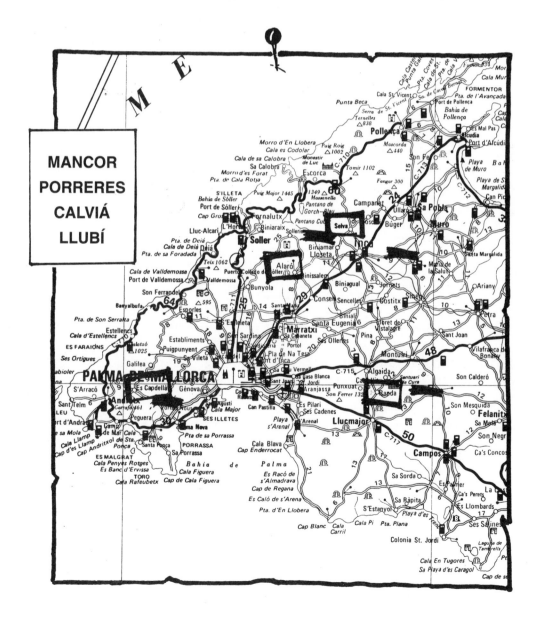

Ahora, mirad los dos mapas juntos para ver si os habéis entendido bien.

cerca/al lado/enfrente/debajo...de
a la izquierda/derecha de...
a unos...metros
hay/está/están
verás/encontrarás
sigues de frente/giras/cruzas
antes de/después de
justo delante/al lado/...

Por fin has encontrado el tesoro escondido en la isla misteriosa. Tantos años viajando por los mares en tu barco pirata no han sido inútiles... Pero resulta que tienes una gripe terrible. Vas a tener que explicarle a tu socio/a cómo llegar hasta el tesoro. Él/ella tiene un mapa de la isla.

Él/ella también tiene algo importante que explicarte: ha descubierto dónde guarda sus joyas la marquesa de Peralto. Señala en el plano lo que va a explicarte.

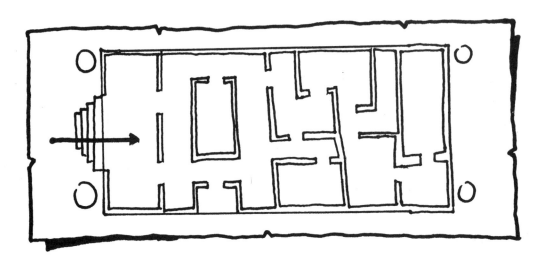

> cerca/al lado/enfrente/debajo...de
> a la izquierda/derecha de...
> a unos...metros
> hay/está/están
> verás/encontrarás
> sigues de frente/giras/cruzas
> antes de/después de
> justo delante/al lado/...

Tu compañero/a, un viejo pirata, ha encontrado por fin el tesoro en la isla misteriosa. Va a explicarte dónde está ya que él/ella no puede ir a buscarlo porque tiene la gripe. Hazle preguntas si no lo entiendes bien.

Tú también tienes algo importante que explicarle. Has descubierto dónde guarda sus joyas la marquesa del Peralto. Explícaselo a tu compañero/a pirata.

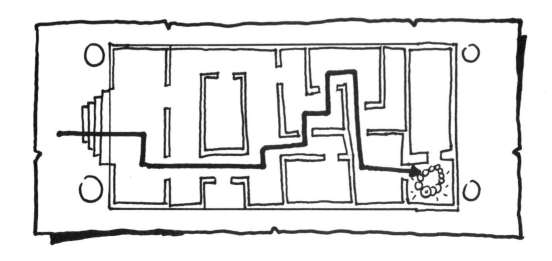

ir por/hacia/desde...hasta/de...a
quedarse/estar en...
A mí me gustaría...
Yo prefiero...
Primero/después/luego...
norte/sur/este/oeste
¿Dónde está...?
¿Por qué no...?
¿Y si...?
Bueno, pues...
Vale, de acuerdo.

Tu compañero/a y tú habéis ganado en un concurso de unos grandes almacenes un viaje de tres meses por países donde se habla español. Sólo hay una limitación: podéis visitar, como máximo, 10 países. Tenéis que poneros de acuerdo sobre qué países vais a visitar, cuánto tiempo vais a estar en cada uno y la ruta que vais a seguir. Tomad notas de todo en el mapa y trazad la ruta. Pero, ojo, en el mapa que tú tienes no están todos los países.

Luego, tenéis que comprobar, mirando los dos mapas, que habéis entendido lo mismo.

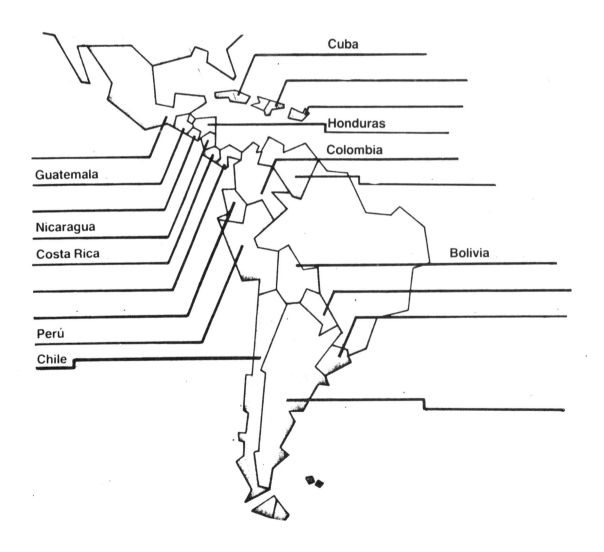

Si ya os habéis puesto de acuerdo, explicad al resto de la clase vuestros planes.

Tu compañero/a y tú habéis ganado en un concurso de unos grandes almacenes un viaje de tres meses por países donde se habla español. Sólo hay una limitación: podéis visitar, como máximo, 10 países. Tenéis que poneros de acuerdo sobre qué países vais a visitar, cuánto tiempo vais a estar en cada uno y la ruta que vais a seguir. Tomad notas de todo en el mapa y trazad la ruta. Pero, ojo, en el mapa que tú tienes no están todos los países.

Luego, tenéis que comprobar, mirando los dos mapas, que habéis entendido lo mismo.

ir por/hacia/desde...hasta/de...a
quedarse/estar en...
A mí me gustaría...
Yo prefiero...
Primero/después/luego...
norte/sur/este/oeste
¿Dónde está...?
¿Por qué no...?
¿Y si...?
Bueno, pues...
Vale, de acuerdo.

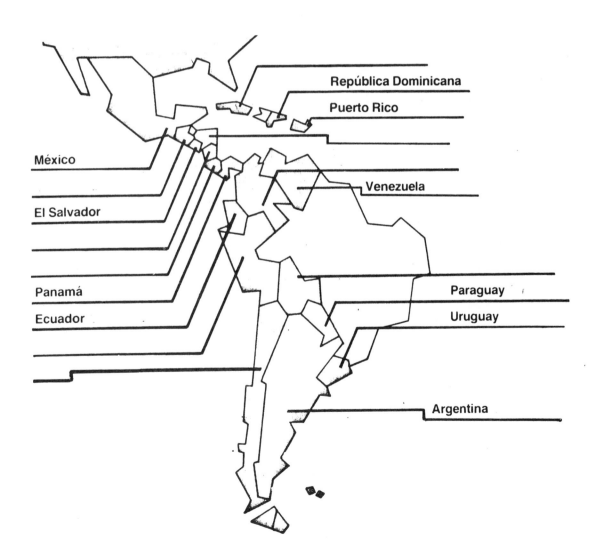

Si ya os habéis puesto de acuerdo, explicad al resto de la clase vuestros planes.

> *Hay uno a las/otro a las.../cada ...horas.*
> *Hay...al día.*
> *en avión/tren/coche/autobús*
> *A mí me gustaría más...*
> *Yo prefiero...*
> *Se tarda...*
> *Es mejor...porque...*
> *Lo que pasa es que...*
> *Sí, pero...*

Tú y tu compañero/a tenéis que ir de Madrid a Barcelona mañana. Podéis ir en tren, en autobús, en coche o en avión. Tú tienes información sobre los vuelos y los autobuses. Os tenéis que poner de acuerdo.

VUELOS

un vuelo cada hora

50 minutos de vuelo

15.000 pesetas (ida)

el aeropuerto está lejos de vuestro hotel en Barcelona

AUTOBUSES

tres autobuses al día (7h., 12,30h. y 22,45h.)

10 horas de viaje

5.500 pesetas (ida)

Ahora, si ya os habéis puesto de acuerdo, podéis explicar al resto de la clase cuál es vuestra decisión y por qué.

Tú y tu compañero/a tenéis que ir de Madrid a Barcelona mañana. Podéis ir en tren, en autobús, en coche o en avión. Tú tienes información sobre el viaje en coche y sobre los trenes. Os tenéis que poner de acuerdo.

> *Hay uno a las/otro a las.../cada ...horas.*
> *Hay...al día.*
> *en avión/tren/coche/autobús*
> *A mí me gustaría más...*
> *Yo prefiero...*
> *Se tarda...*
> *Es mejor...porque...*
> *Lo que pasa es que...*
> *Sí, pero...*

COCHE

la carretera es bastante buena

no hay mucho tráfico

unas 6 horas de viaje, parando a tomar café

tu coche no funciona muy bien

TRENES

hay 5 al día
(6,25h., 10,20h., 16,15h., 19,10h. y 22,15h.)

por la noche se puede viajar en litera

11.000 pesetas

9 horas de viaje en Talgo y 11 en otros trenes

Ahora, si ya os habéis puesto de acuerdo, podéis explicar al resto de la clase cuál es vuestra decisión y por qué.

13.1.

> **Te ha llamado X.**
> **¿Qué (te) ha dicho?**
> **¿Qué quería?**
> **(Me ha dicho) que...**
> **(Me ha preguntado) que si/dónde/...**

Esta mañana has estado en la oficina de tu compañero/a B. Ha habido cuatro llamadas telefónicas para él. Ahora coméis juntos y le transmites los recados. Acuérdate de que tienes que transmitir sólo lo importante.

● ¿Diga?
○ ¿B?
● No está en este momento...
○ ¿Sabe a qué hora va a volver?
● Creo que hoy ya no va a venir a la oficina.
○ Bueno...Pues...Por favor, si es tan amable, dígale que ha llamado Jaime Carreras, de A.G.S.. Y que la reunión del jueves va a ser aquí en mi oficina, a las once. Él/ella ya sabe de qué va.

● ¿Diga?
○ ¿El señor/la señora B, por favor?
● En este momento no está en la oficina. Ha salido. ¿Quiere que le dé algún recado?
○ Sí, se lo agradecería. Dígale que han llamado de parte del Doctor Benítez, su dentista. El doctor ha tenido que salir de viaje y no podrá recibirle esta tarde. El señor/la señora B tenía una cita a las seis... Ah, y que, lo siente mucho...

● ¿Diga?
○ B...
● Esta mañana no está en la oficina. ¿Con quién hablo, por favor?
○ Soy Estrella, la secretaria de Sr. Barros.
● ¿Quiere dejarle algún recado?
○ Sí, por favor. Dígale que los contratos ya están preparados y que pase a recogerlos cuando quiera.
● ¿Los contratos?
○ Sí, los contratos de Z.E.S.A.
● Vale, pues yo se lo digo...

● ¿Diga?
○ ¿El señor/la señora B, por favor?
● No está. ¿De parte de quién?
○ Soy Javier, un amigo suyo. ¿Sabes dónde puedo localizarle esta mañana?
● Sí, mira, puedes llamar al 234 51 12. Me parece que está allí.
● Bueno, pues yo llamo. Si no lo/la localizo, por favor, dile que he llamado y que tengo que hablar urgentemente con él/ella. Hoy mismo si puede ser. Es sobre lo de las vacaciones. Él/ella ya sabe.

Esta mañana has estado en la casa de tu compañero/a A. Ha habido cuatro llamadas telefónicas para él/ella. Ahora coméis juntos y le transmites los recados. Acuérdate de que tienes que transmitir sólo lo importante.

> **Te ha llamado X.**
> **¿Qué (te) ha dicho?**
> **¿Qué quería?**
> **(Me ha dicho) que...**
> **(Me ha preguntado) que si/dónde/...**

● ¿Diga?
○ ¿Está A?
● No, en este momento no está. ¿De parte de quién?
○ Soy su madre.
● Ah, hola. ¿Quiere que le deje algún recado?
○ No, es igual... ¿Sabes si está en la oficina?
● Sí, creo que sí.
○ Pues nada, le llamo allí.

● ¿Diga?
○ ¿Está A?
● No, ha salido.
○ Oiga, mire, soy Eugenia, una amiga suya y esta tarde teníamos una cita pero yo no voy a poder ir. ¿Le puede dejar el recado?
● Sí, claro, yo se lo digo.
○ Mañana lo/la llamo. Hoy no voy a estar en casa en todo el día.
● Vale, de acuerdo.

● ¿Diga?
○ ¿El señor/la señora A, por favor?
● En este momento no está en casa. ¿De parte de quién?
○ De Rodríguez Hermanos Sociedad Anónima. Es que tiene que pasar a firmar unos documentos por nuestras oficinas.
● A firmar unos documentos...
○ Sí, eso es. ¿Le puede dar usted el recado?
● Sí, no se preocupe, yo se lo digo.
○ Es que es un poco urgente, ¿sabe?
● Yo se lo digo esta misma tarde...

● ¿Diga?
○ ¿A?
● No, no soy yo. Esta en la oficina.
○ Ah, bueno...¿Sabes a qué hora estará en casa?
● Pues sobre las tres o las cuatro, supongo. ¿Quieres que le deje algún recado?
○ Sí, mira, dile que sobre lo de ayer, vale, que de acuerdo. Él/ella ya lo entenderá.
● Que lo de ayer, vale...
○ Eso...
● Bueno, pues yo se lo digo. Y le digo que ha llamado...
○ Mario, Mario Revilla.
● Perdona, Mario ¿qué?
○ Revilla.

13.2.

¿Qué pone en la ...línea/el ...párrafo?
Me parece que pone... porque...
No, no puede ser porque...
¿Qué significa...?
¿Sabe/s qué pone/significa/...?
Tendría que poner...

Aquí tienes un capítulo de una novela especialmente escrita para estudiantes de español. El texto es muy fácil, o sea que no vas a tener que buscar nada en el diccionario. Pero en tu fotocopia hay algunos problemas: errores, cosas que no se entienden, etc. ¿Por qué no le preguntas a tu compañero/a si él/ella entiende lo que pone o el significado del texto y tratáis de, entre los dos, decidir cuál es el texto correcto?

Serie "PLAZA MAYOR", 1 -EL VECINO DEL QUINTO

Irene no tiene novio. "Novio, sí pero amigos, no", dice ella siempre. Hace muchos años que vive sola y no tiene ganas de vivir con nadie. A Irene le gusta muchsmo salir de noche con sus amigos, ir a pasar fines de mañana fuerza de Madrid y hacer largos viajes en Semana Pascua y en verano.

Después de una hora de gimsaca, media hora de "squash" y un rato de sauna, Irene se siente mucho mejor. Se ducho, coge su bolsa de deporte y su raqueta y se ir a casa. Son la cinco y media y tiene hambre. Mucha hombre.

El tax la deja muy cerca de la Plaza Mayor. Irene baja banda unos milímetros y entra en el porta.

— Hoga, señorita Irene — saluda Josefa, la portiguera. Tengo un paquete para úste.

— Gracias, Josefa. Hasta el año que viene.

— Igualmente.

— 26 —

Serie "PLAZA MAYOR", 1 -EL VECINO DEL QUINTO

Cuando ésta cerrar la puerta del ascensor, Irene oye una voz de hombro:

— Un momento, un momento

Y un hombro alto y elegante sale del ascensor. Va muy bien vestido y llega una enorme bolsa de deporte. Parece un ejecutivo, el típico ejecutivo dinámico. A Irene los ejecutivos no le gus... Sin mirarlo le pregunta:

— ¿A qué piso va?

— Al q...

Al llegar al tercero, Irene co... su bolso de deporte del suelo y sale del ascgror. El hombro le ayuda a abrir y cerrar la portal.

— Adiós.

— Ós.

"Parece intgrante esta mujer. Un poco seria pero integrante", piensa José antes de llegar a su casa.

— 27 —

> ¿Qué pone en la ...línea/el ...párrafo?
> Me parece que pone... porque...
> No, no puede ser porque...
> ¿Qué significa...?
> ¿Sabe/s qué pone/significa/...?
> Tendría que poner...

Aquí tienes un capítulo de una novela especialmente escrita para estudiantes de español. El texto es muy fácil, o sea que no vas a tener que buscar nada en el diccionario. Pero en tu fotocopia hay algunos problemas: errores, cosas que no se entienden, etc. ¿Por qué no le preguntas a tu compañero/a si él/ella entiende lo que pone o el significado del texto y tratáis de, entre los dos, decidir cuál es el texto correcto?

Serie "PLAZA MAYOR", 1 -EL VECINO DEL QUINTO

Irene no tiene novio. "Novio, sí pero amigos, no", dice ella siempre. Hace muchos años que vive sola y no tiene ganas de vivir con nadie. A Irene le gusta muchsmo salir de noche con sus amigos, ir a pasar fines de mañana fuerza de Madrid y hacer largos viajes en Semana Pascua y en verano.

Después de una hora de gimsaca, media hora de "squash" y un rato de sauna, Irene se siente mucho mejor. Se ducho, coge su bolsa de deporte y su raqueta y se ir a casa. Son la cinco y media y tiene hambre. Mucha hombre.

El tax la deja muy cerca de la Plaza Mayor. Irene baja banda unos milímetros y entra en el porta.

— Hoga, señorita Irene — saluda Josefa, la portiguera. Tengo un paquete para úste.

— Gracias, Josefa. Hasta el año que viene.

— Igualmente.

— 26 —

Serie "PLAZA MAYOR", 1 -EL VECINO DEL QUINTO

Cuando ésta cerrar la puerta del ascensor, Irene oye una voz de hombro:

— Un momento, un momento

Y un hombro alto y elegante sale del ascensor. Va muy bien vestido y llega una enorme bolsa de deporte. Parece un ejecutivo, el típico ejecutivo dinámico. A Irene los ejecutivos no le gus... Sin mirarlo le pregunta:

— ¿A qué piso va?

— Al q...

Al llegar al tercero, Irene co... su bolso de deporte del suelo y sale del asc...gror. El hombro le ayuda a abrir y cerrar la portal.

— Adiós.

— Ós.

"Parece intgrante esta mujer. Un poco seria pero integrante", piensa José antes de llegar a su casa.

— 27 —

Recursos para la transmisión de mensajes provenientes de los medios de comunicación

---

Has comprado "El País" para informarte y para enterarte de los siguientes temas:
— el Open de golf
— una mosca que ataca a los turistas en las playas españolas
— la Copa de Europa de fútbol
— la nueva ley para entrar en España

¿Qué pone?

Si no has conseguido la información que buscabas, ¿por qué no le preguntas a tu compañero/a para saber si en "El Mundo", el periódico que se ha comprado, pone algo de eso?

EL PAIS

DIARIO INDEPENDIENTE DE LA MAÑANA

PRESENTADO A LOS MEDIOS DE COMUNICACIÓN "NOFUNCIÓN", EL COCHE ESPAÑOL REVOLUCIONARIO

MADRID.— Ayer fue presentado a los medios de comunicación el coche "Nofunción", enteramente fabricado en España. Este revolucionario vehículo mide dos metros de largo —la mitad de un utilitario—, tiene forma de sol —redondo y con rayos—, se comercializa exclusivamente en color amarillo, funciona con sangría en lugar de con gasolina y lleva un circuito musical conectado al cambio de marchas que emite constantemente música española. Se espera que este revolucionario vehículo sea el coche más vendido en Europa. Su coste es de dos millones trescientas mil pesetas.

"Quedesás", nueva moda de la juventud española

Llevan pantalones rotos, puestos al revés; no comen hamburguesas sino que se las echan por encima de la ropa; si van en patín, bicicleta o moto tienen que caerse tres o cuatro veces al día; si escuchan canciones, el "walkman" no tiene que funcionar bien; estropean todos los electrodomésticos y las cosas de sus padres y hermanos mayores. Se confiesan antimaterialistas y ecologistas. *(Sigue en pag. 40)*

Histórica jornada del tenis español

Loreto Santos, enviada especial

La española Arantxa Sánchez-Vicario, cuarta cabeza de serie, mostró ayer su dominio frente a la estadounidense Lori McNeil, por 6-4 y 6-1. Con esta victoria la tenista española se coloca en las semifinales del torneo donde se enfrentará a la alemana Steffi Graf. Para llegar a esta semifininal, Arantxa estuvo dos horas y cuarenta minutos en la pista y demostró su clara superioridad frente a McNeil.

SUMARIO

• *Estudiar en España.* El Ministerio de Educación y Ciencia acaba de presentar una propuesta de ley según la cual los extranjeros y las extranjeras que quieran estudiar en España deberán reunir estas condiciones: ser solteros, mayores de dieciocho años, altos, rubios y con ojos azules. *(Más información en página 27).*

Has comprado "El Mundo" para informarte y para enterarte de los siguientes temas:
— el torneo de Wimbledon
— un nuevo coche de fabricación española único en el mundo
— la nueva moda de la juventud española
— las condiciones de los extranjeros para estudiar en España

¿Qué pone?

Si no has conseguido la información que buscabas, ¿por qué no le preguntas a tu compañero/a para saber si en "El País", el periódico que se ha comprado, pone algo de eso?

DEL SIGLO VEINTIUNO

INEXPLICABLE APARICION DE UNA MOSCA ASESINA

Las autoridades sanitarias españolas todavía no han encontrado una explicación a la mosca que, en los últimos días, ataca a los turistas que están tomando el sol en nuestras playas.

En la última semana más de mil turistas han sido mordidos por esta mosca y han tenido que ser ingresados en distintos hospitales en estado grave. Después de la picadura sufren fiebre, vómitos, alergias, diarreas y un terrible malestar. Nadie encuentra explicación a este suceso que tiene características muy especiales ya que este tipo de moscas nunca había aparecido en nuestro país, no ataca a españoles y sólo actúa en las playas durante el día, desapareciendo por la noche.

La alarma ha cundido entre los turistas que han empezado a abandonar masivamente nuestro país.

Según las estadísticas, los alemanes, holandeses, franceses e italianos son los preferidos de estas moscas. Sin embargo, sólo han sido atacados diez japoneses, nueve ingleses, seis griegos, cuatro estadounidenses, tres suecos, dos noruegos, dos daneses y dos belgas. Las moscas respetan también a los hispanoamericanos que, por el momento, no han sido picados.

HOY EN EL MUNDO

CINE

"Entrar en España", la nueva película de Almodovanga, trata de las dificultades de un grupo de turistas europeos para entrar en nuestro país. *Más información en pág. 23.*

DEPORTES

Tras una mala temporada, Severiano Ballesteros logra una nueva victoria en el Abierto de Golf. *Pág. 29.*

Victoria española en la Copa de Europa

BERLIN.— Magnífico partido el de la selección española que, por tercera vez consecutiva, obtuvo la Copa de Europa de Fútbol. El resultado, 16 a 0, indica el buen partido de nuestra selección frente a la incapacidad del equipo contrario. *(Sigue en pag. 28)*

Me preguntó si/qué/cómo...
Le dije que...
Me pidió que...
Me comentó que...

Ayer por la mañana tuviste esta conversación con un amigo, Ramón, sobre la fiesta de cumpleaños de Eva, a la que estáis invitados esta noche. Ahora tienes que referírsela a tu compañero/a. Primero léela atentamente para comprender el sentido y, luego, explícasela sin mirar el texto.

TÚ: **Oye, te llamaba para ver si mañana vas a venir a la cena de cumpleaños de Eva...**
RAMÓN: **Pues, no sé, no sé qué hacer...Es que Eva vive tan lejos...¿Cómo vais a ir vosotros?**
TÚ: **Me parece que en coche, en el coche de Víctor.**
RAMÓN: **Oye, y...¿por qué no me pasáis a recoger y vamos juntos?**
TÚ: **Bueno, pero voy a hablar con él primero porque no sé cuántos cabemos en el coche.**
RAMÓN: **Vale, pues te llamo mañana por la tarde, ¿de acuerdo?**
TÚ: **De acuerdo. Hasta luego.**

Tu compañero/a también tuvo una conversación sobre la fiesta de esta noche. Habló con Víctor, el del coche. Interésate por el contenido de esta conversación y hazle preguntas si algo no te queda claro.

Ahora ya tenéis toda la información. ¿Qué le vais a decir a Ramón?¿Cómo vais a ir a la fiesta?

Esta noche tu compañero/a y tú vais a ir a la cena de cumpleaños de una amiga, Eva. Estáis hablando de la fiesta. Tu compañero/a habló ayer por teléfono con otro invitado, Ramón. Interésate por esa conversación. ¿Va a ir Ramón a la fiesta?

Tú también mantuviste una conversación sobre la fiesta de esta noche. Hablaste con Víctor, el del coche. Tu compañero/a se va a interesar por el contenido de esta conversación.

> *Me preguntó si/qué/cómo...*
> *Le dije que...*
> *Me pidió que...*
> *Me comentó que...*

TÚ: **Oye, Víctor, tú vas a casa de Eva mañana por la noche, ¿verdad?**
VÍCTOR: **Sí, ¿por qué?**
TÚ: **Y...¿a quién llevas en el coche? Es que como vive tan lejos...**
VÍCTOR: **Pues creo que va a venir conmigo Teresa. O sea que hay sitio...Si quieres te paso a recoger sobre las nueve, nueve y media.**
TÚ: **¿Pasas por mi casa?**
VÍCTOR: **Si quieres...**
TÚ: **Bueno, es que...No, es que no estaré en casa a esa hora. Mejor yo voy a tú casa. ¿Vale?**
VÍCTOR: **Perfecto, sobre las nueve,¿no?**

Ahora ya tenéis toda la información. ¿Qué le vais a decir a Ramón?¿Cómo vais a ir a la fiesta?

14.1.

En la piscina de su casa de Mallorca el 4 de mayo apareció asesinado, con un tiro de pistola disparado a muchos metros, Ceferino Rebollo, millonario fabricante de chorizos y morcillas. Tú y tu compañero/a vais a colaborar con la famosa detective Lola Lago para averiguar quién es el asesino. Aquí tienes algunas informaciones sobre los principales sospechosos. Tu compañero/a tiene otros datos. Entre los dos tenéis que decidir quién es el "más" sospechoso.

LA AMANTE
Marina Ribera
Joven, 33 años.
Pintora.
4 de mayo: en Nueva York. Inauguración de una exposición de sus obras.
Hay fotos de la inauguración en muchas revistas.

EL SOCIO
Mariano Daza
Jugador, grandes deudas en el póker.
Muy buen tirador porque fue militar.
A la hora del crimen, estaba en el Casino.

LORENZO SILVELA
43 años.
Ex-novio de Marina Ribera.
Amigo de Mariano Daza.
Su hobby es la caza.

EX-MUJER
Matilde Torrejón
58 años.
Odiaba a Rebollo.
Nunca ha disparado con pistola.
Estaba en Madrid el día del crimen.

> *Yo creo que...*
> *A mí me parece que...*
> *Yo no lo sabía...*
> *Yo creía que...*
> *Yo no creo que...porque...*
> *Pues yo no estoy (completamente) de acuerdo con eso/contigo/...*
> *Sí, de acuerdo/desde luego/por supuesto/... pero sin embargo...*
> *Sí, eso es verdad.*
> *Sí, tienes razón.*
> *Me parece absurdo/normal/lógico/ilógico que* + Subjuntivo
> *Sí, y además...*
> *Sí, pero sin embargo...*

En su casa de Mallorca ha aparecido asesinado, de un tiro de pistola disparado a muchos metros, Ceferino Rebollo, millonario fabricante de chorizos y morcillas. Tú y tu compañero/a vais a colaborar con la famosa detective Lola Lago para averiguar quién es el asesino. Aquí tienes algunas informaciones sobre los principales sospechosos. Tu compañero/a tiene otros datos. Entre los dos tenéis que decidir quién es el "más" sospechoso.

LORENZO SILVELA

43 años.
Ex-novio de Marina Ribera.
Conocido play-boy.
El mayordomo le vio en casa el día 4.

LA AMANTE

Marina Ribera
Joven, 33 años.
1 de mayo: encuentro con su ex-novio, Lorenzo Silvela, en Palma de Mallorca.
En la herencia recibe la mitad de las fábricas de chorizos.

EL SOCIO

Mariano Daza
El 2 de mayo, terrible discusión con Rebollo: Daza le debía 28 millones de pesetas.
Considerado el único amigo de Rebollo. A la hora del crimen, estaba en el Casino (tiene testigos).

EX-MUJER

Matilde Torrejón
58 años.
Hereda la mitad de las fábricas de chorizos.
Estaba en Madrid el día del crimen pero no puede demostrarlo.

14.2.

El/la/los/las + *nombre* + **lo/la/los/las** + *verbo*

No, no es así.

No, no es/son...lo que...sino...

No, no es antes/después/...cuando...sino...

Sí, pero antes...

Se pone/añade/sofríe/...el/la...

Se ponen/añaden/sofríen/...los/las...

Aquí tienes la receta de un plato típico catalán, el pato con peras. Tu compañero/a también tiene una receta pero con muchos errores. Él/ella te contará su versión de la receta y tú tienes que ir corrigiéndole.

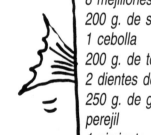

PATO CON PERAS

1 pato de 2 Kg.
1 pera por persona
3 dientes de ajo
1 cebolla
2 zanahorias
1 litro de caldo
2 cucharadas de vinagre
2 cucharadas de harina
Picada: 2 ajos, perejil, 30 g. de almendras y una galleta

Primero cortar el pato a trozos, se limpia y se sazona con sal y pimienta.

Luego, dorarlo a fuego vivo en una cazuela de tierra con aceite.

Retirar los trozos de pato y preparar la salsa: sofreir la cebolla y la zanahoria cortada a rajitas, luego, añadir el ajo picado, darle unas vueltas y añadir la harina. Dejar cocer lentamente un ratito. Añadir el caldo y, cuando hierva, poner los trozos de pato dentro, tapar y meterlo al horno hasta que la carne esté tierna. Mientras, preparar la picada: picar el ajo, el perejil, las almendras y, al final, la galleta. Cuando esté todo como una pasta fina añadir dos cucharadas de vinagre. Pelar las peras y hervirlas en agua tres minutos.

Cuando falte poco para terminar la cocción del pato, sacar la cazuela del horno, colar la salsa y añadir la picada.

En el último momento añadir las peras.

Ahora explícale tú a tu compañero/a una receta, la del arroz a la marinera.

ARROZ MARINERA

350 g. de arroz
4 gambas
8 mejillones y 8 almejas
200 g. de sepia o calamar
1 cebolla
200 g. de tomates
2 dientes de ajo
250 g. de guisantes
perejil
1 pimiento verde
azafrán
200 g. de rape

Sofreir el ajo bien picado y el pimiento verde cortado en trozos, en la paella, y, a medio cocer, añadir los mejillones y las almejas. Ir dando vueltas hasta que todo esté dorado. Añadir el tomate en trozos y dejarlo cocer un poco.

Poner el arroz crudo y mezclar bien.

Añadir un litro y medio de agua hirviendo.

Rectificar la sal y dejar cocer a fuego regular.

Remover a menudo.

A medio cocer, añadir el rape, los guisantes y el azafrán.

Aquí tienes la receta de un plato típico catalán, el pato con peras. Pero en esta receta hay muchos errores, faltan cosas, etc. Tu compañero/a, en cambio, tiene una versión correcta. Cuéntale cómo es tu versión y él/ella irá corrigiéndote. Tú toma notas de las cosas que tienes que cambiar.

El/la/los/las + *nombre* + **lo/la/los/las** + *verbo*
No, no es así.
No, no es/son...lo que...sino...
No, no es antes/después/...cuando...sino...
Sí, pero antes...
Se pone/añade/sofríe/...el/la...
Se ponen/añaden/sofríen/...los/las...

PATO CON PERAS

1 pato de 2 Kg.
1 pera por persona
3 dientes de ajo
1 cebolla
2 zanahorias
1 litro de caldo
2 cucharadas de vinagre
2 cucharadas de harina
Picada: 2 ajos, perejil, 30 g. de almendras y una galleta

Se limpia el pato y se sazona con sal.
Luego, dorarlo lentamente en una cazuela de tierra con mantequilla.
En la misma cazuela preparar la salsa: sofreir la cebolla y la zanahoria a rajitas, luego, darle unas vueltas y añadir la harina. Dejar cocer a fuego vivo un ratito. Añadir el caldo y poner los trozos de pato dentro y meterlo al horno hasta que esté la carne tierna.
Mientras, preparar la picada: picar la galleta y, luego ,el ajo, el perejil, las almendras. Cuando esté todo como una pasta fina poner tres cucharadas de vinagre.
Pelar las peras y hervirlas en agua diez minutos y ponerlas con el pato.
Cuando falte poco para terminar la cocción del pato, sacar la cazuela del horno, colar la salsa y añadir la picada.

Ahora eres tú quien tiene una receta correcta, la de la paella marinera. Tu compañero/a tiene una versión con muchos errores. Te la va a explicar y tú lo/la vas corrigiendo.

ARROZ MARINERA

350 g. de arroz
4 gambas
8 mejillones y 8 almejas
200 g. de sepia o calamar
1 cebolla
200 g. de tomates
2 dientes de ajo
250 g. de guisantes
perejil
1 pimiento verde
azafrán
200 g. de rape

Sofreir la cebolla bien picada y el pimiento verde cortado en trozos, en la paella, con aceite y, a medio cocer, añadir el pescado (menos los mejillones y las almejas).
Ir dando vueltas hasta que todo esté dorado.
Añadir el tomate hecho puré, dejarlo cocer un poco y echar el ajo y el perejil bien picado.
Poner el arroz crudo y mezclar bien.
Añadir un litro y medio de caldo de pescado o agua hirviendo.
Rectificar la sal y dejar cocer a fuego regular.
Remover lo menos posible.
A medio cocer, añadir los mejillones, las almejas, los guisantes y el azafrán.

> *Quizá/tal vez/a lo mejor...*
> *Sí, quizá/tal vez...sí*
> *Yo creo que...*
> *No, no creo porque...*
> *No, no puede ser porque...*

En casa de los vecinos ha pasado algo un poco raro. Tú y tu compañero/a intentáis buscar explicaciones. Vuestras imágenes os dan informaciones distintas.

Si os habéis puesto de acuerdo, explicad ahora al resto de la clase cuál es vuestra interpretación. Si no, explicad a vuestros compañeros por qué no estáis de acuerdo.

En casa de los vecinos ha pasado algo un poco raro. Tú y tu compañero/a intentáis buscar explicaciones. Vuestras imágenes os dan informaciones distintas.

Quizá/tal vez/a lo mejor...
Sí, quizá/tal vez...sí
Yo creo que...
No, no creo porque...
No, no puede ser porque...

Si os habéis puesto de acuerdo, explicad ahora al resto de la clase cuál es vuestra interpretación. Si no, explicad a vuestros compañeros por qué no estáis de acuerdo.

14.4.

> *Yo lo he pasado muy/bastante/bien/mal porque...*
> *Me ha/han gustado muchísimo/mucho/bastante*
> *No me ha/han gustado mucho/nada*
> *Lo/la/los/las he encontrado realmente aburrido/interesante/...*
> *Me ha/han encantado.*
> *Es un/una* + sustantivo + adjetivo
> *Son unos/as* + sustantivo + adjetivo

Vamos a imaginar que tú y tu compañero/a habéis hecho una serie de cosas juntos. Después, comentaréis vuestras impresiones y tú anotarás si estáis de acuerdo en todo, en parte o no estáis en absoluto de acuerdo...

1. HABÉIS IDO AL CINE

Película: "Ay, Carmela".
Actores: estupendos.
Tema: muy interesante. Información sobre la historia de España.
Dirección: muy buena.

2. FIESTA EN CASA DE ANA UNA COMPAÑERA DE CLASE

Fiesta muy divertida.
Muy bien organizado todo.
Gente muy simpática.

3. EXCURSIÓN A SALAMANCA

Autobús de ida muy incómodo.
Viaje muy pesado.
Ciudad muy bonita, muy interesante.
Guía muy malo y muy antipático.
Viaje de vuelta divertido porque conociste a una persona muy interesante en el autobús.

4. CONFERENCIA DEL PROFESOR TOMÁS DELAVIUDA: "La educación en España hoy"

Tema muy interesante.
Conferenciante muy ameno.
Estás de acuerdo con todas las opiniones de Delaviuda.

1.	☐ de acuerdo	☐ en parte	☐ en absoluto de acuerdo
2.	☐ de acuerdo	☐ en parte	☐ en absoluto de acuerdo
3.	☐ de acuerdo	☐ en parte	☐ en absoluto de acuerdo
4.	☐ de acuerdo	☐ en parte	☐ en absoluto de acuerdo

> Yo lo he pasado muy/bastante/bien/mal porque...
> Me ha/han gustado muchísimo/mucho/bastante
> No me ha/han gustado mucho/nada
> Lo/la/los/las he encontrado realmente aburrido/interesante/...
> Me ha/han encantado.
> **Es un/una** + sustantivo + adjetivo
> **Son unos/as** + sustantivo + adjetivo

Vamos a imaginar que tú y tu compañero/a habéis hecho una serie de cosas juntos. Después, comentaréis vuestras impresiones y tú anotarás si estáis de acuerdo en todo, en parte o no estáis en absoluto de acuerdo...

1. HABÉIS IDO AL CINE

Película: "Ay, Carmela".
Actores: ella, muy buena; él, regular.
Tema: muy interesante pero la historia es un poco triste.
Dirección: muy buena.

2. FIESTA EN CASA DE ANA UNA COMPAÑERA DE CLASE

Fiesta bastante aburrida.
Comida muy mala.
Música demasiado alta. Música horrible.
Mucho calor.
Demasiada gente.

3. EXCURSIÓN A SALAMANCA

Autobús muy incómodo.
Viaje de ida y vuelta muy pesado.
Ciudad muy bonita, muy interesante.
Guía muy malo pero simpático y con sentido del humor.

4. CONFERENCIA DEL PROFESOR TOMÁS DELAVIUDA: "La educación en España hoy"

Tema muy interesante.
Conferenciante muy pesado y muy lento.
Estabas en la última fila y no se oía bien.
No estás de acuerdo con algunas de las opiniones de Delaviuda.

1.	☐	de acuerdo	☐	en parte	☐ en absoluto de acuerdo
2.	☐	de acuerdo	☐	en parte	☐ en absoluto de acuerdo
3.	☐	de acuerdo	☐	en parte	☐ en absoluto de acuerdo
4.	☐	de acuerdo	☐	en parte	☐ en absoluto de acuerdo

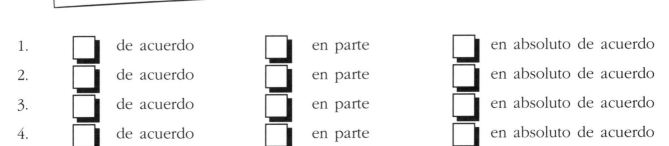

... *cuando...*
... *porque...*
... *y...*
... *pero...*
Si...
Hablar de hábitos culturales
y usos sociales

Estudiando español seguro que has aprendido muchas cosas sobre algunas normas sociales y algunas costumbres españolas. Vamos, ahora, a jugar un poco: aquí tienes unas fichas que contienen trozos de normas y costumbres españolas. Como tu compañero/a tiene muchos de los trozos que faltan, ¿por qué no juegas un rato con él/ella para intentar completar todas las fichas?

Si quieres, puedes recortarlas para que el juego sea más cómodo.

Los españoles nunca aceptan una invitación...

... y los Reyes.

Si alguien elogia a un/a español/a, éste/a no...

En España se desayuna poco...

... puedes ir a su casa sin llevar nada.

... porque los españoles siempre intentan invitarte.

Los españoles celebran el cumpleaños...

En España no se celebra el 1º de Abril...

... dar consejos.

... su apellido cuando se casan.

En una fiesta, por ejemplo, nunca se pregunta...

Estudiando español seguro que has aprendido muchas cosas sobre algunas normas sociales y algunas costumbres españolas. Vamos, ahora, a jugar un poco: aquí tienes unas fichas que contienen trozos de normas y costumbres españolas. Como tu compañero/a tiene muchos de los trozos que faltan, ¿por qué no juegas un rato con él/ella para intentar completar todas las fichas?

> *... cuando...*
> *... porque...*
> *... y...*
> *... pero...*
> *Si...*
> *Hablar de hábitos culturales y usos sociales*

Si quieres, puedes recortarlas para que el juego sea más cómodo.

... puede aceptar el elogio. Tiene que quitarle importancia.

... pero se come bastante.

... y el santo.

... pero se celebra el 28 de Diciembre, el Día de los Inocentes.

Las mujeres españolas no pierden...

Es muy difícil pagar en España...

Si alguien te invita a casa y es muy amigo tuyo...

... para tomar algo la primera vez que los invitan.

Los españoles celebran la Nochebuena, la Nochevieja...

En las despedidas, es muy normal...

... cuánto gana la persona que se acaba de conocer.

Es curioso, ¿no? + *relato/descripción*
En España/en mi país/aquí/... también...
En España/en mi país/aquí/..., en cambio,...
Ah, ¿sí?/¿De veras?/No me digas...
Hablar de hábitos

Aquí tienes una lista de algunos aspectos que caracterizan el comportamiento social de los españoles. Léela y fíjate en lo que más te sorprende y, también, en lo que es igual que en tu país.

Imagina, ahora, que tu compañero/a y tú habéis pasado, por separado, una temporada en España y que, a la vuelta, comentáis las semejanzas y las diferencias entre vuestra manera de ver el mundo y la española.

— La mayoría de los españoles bebe vino en las comidas.

— En restaurantes, metro, autobuses, etc., la gente habla muy alto.

— Cuando alguien estornuda, los españoles dicen "¡Jesús!".

— Los españoles celebran la Semana Santa. Son festivos el jueves, el viernes, el sábado y el domingo.
Durante esos días celebran festividades religiosas en recuerdo de la muerte y resurrección de Jesucristo. Lo más representativo de la Semana Santa son las "procesiones" religiosas en las ciudades andaluzas.

— Los españoles siempre dicen, a veces injustamente, que en España todo funciona mal. Para los españoles, Alemania es el ejemplo de país que funciona perfectamente.

— A media tarde se toma la merienda. Meriendan los niños y algunos adultos, sobre todo las personas desocupadas. La merienda consiste en chocolate con churros o en café con leche con algo de repostería (croissant, suizo, etc.). Poquísima gente toma té.

— Mucha gente tiene un pájaro en su casa. Generalmente es un "canario" o un "periquito". Las jaulas son muy pequeñas y durante el día están colgadas fuera, en la calle, en los balcones.

— Los españoles salen mucho de noche entre semana: a cenar con amigos, al cine, al teatro, a tomar copas, a ver algún espectáculo, ... No esperan al fin de semana para divertirse.

— Los españoles utilizan mucho el coche particular. Dentro de cada coche hay sólo una persona. Por eso hay muchos atascos en las ciudades. Los transportes públicos se utilizan menos y funcionan peor que en el centro y norte de Europa.

Aquí tienes una lista de algunos aspectos que caracterizan el comportamiento social de los españoles. Léela y fíjate en lo que más te sorprende y, también, en lo que es igual que en tu país.

Es curioso, ¿no? + *relato/descripción*
En España/en mi país/aquí/... también...
En España/en mi país/aquí/..., en cambio,...
Ah, ¿sí?/¿De veras?/No me digas...
Hablar de hábitos

Imagina, ahora, que tu compañero/a y tú habéis pasado, por separado, una temporada en España y que, a la vuelta, comentáis las semejanzas y las diferencias entre vuestra manera de ver el mundo y la española.

— La mayoría de los españoles cena tarde, entre las nueve y media y las diez y media...

— Los españoles siempre se invitan cuando han tomado pequeñas consumiciones (café, cortado, té,...). Casi nunca pagan sólo lo suyo.

— Se dice "¡Que aproveche!" cuando alguien va a empezar a comer o cuando alguien se levanta de la mesa y los demás siguen comiendo.

— Cuando un jueves o un martes son festivos, los españoles suelen tener "un puente", es decir que el día que está entre el festivo y el fin de semana también es fiesta.

— Las mujeres, al saludarse y despedirse, se dan dos besos. Pero, si son familia, generalmente se dan solamente uno.

— En España todavía se fuma muchísimo. En la mayor parte de los restaurantes, excepto en los más caros, todavía no hay zonas especiales para los no fumadores.

— Las "tapas" son un invento magnífico: puedes comer muchas cosas diferentes en la misma comida. Hay tapas de: pulpo a la gallega, calamares a la romana, anchoas, aceitunas, tortilla de patatas, jamón serrano,...

— Excepto las personas que trabajan en la banca o en la Administración que tienen jornada intensiva (de ocho de la mañana a tres de la tarde), la mayoría de la gente termina de trabajar muy tarde, entre las siete y las ocho de la tarde.

— En las grandes ciudades casi nadie duerme la siesta. Quizá sólo la gente que no va a trabajar por la tarde y no todos. Los que duermen la siesta suelen tumbarse en el sofá. Es muy raro que alguien se acueste para dormirla. En las zonas no urbanas, la siesta todavía es un hábito generalizado.

> *Me pone/n (muy) nervioso/a...*
> *Me pone/n (muy) triste...*
> *Me pone/n de (muy) mal humor...*
> *Me molesta/n (mucho)...*
> *Me preocupa/n (mucho)...*
> *Me da/n (mucho) miedo...*
> *Me da/n (mucha) pena...*
> *¿Te/le ponen nervioso/preocupa/molesta/gusta...?*
> *Sí, mucho/bastante.*
> *No, no mucho/nada.*
> *A mí no/sí/también/tampoco.*
> *A mí mucho/bastante.*
> *A mí no, nada.*

Quieres saber cómo es realmente tu compañero/a y seguro que podrás saber muchas cosas de él/ella si le preguntas por sus sentimientos. Tienes que averiguar tres cosas que le dan miedo, tres que le preocupan y tres que le molestan. Puedes partir de esta lista, pero a lo mejor tendrás que añadir cosas.

la contaminación _____

la gente pedante _____

las cucarachas _____

los perros _____

la energía nuclear _____

el racismo_____

algunos de tus compañeros de trabajo_____

viajar en avión _____

estar enfermo_____

ir al médico _____

las esperas_____

la gente impuntual _____

los machistas _____

la situación del Tercer Mundo __
_____

la lluvia _____

levantarse temprano_____

las fiestas familiares _____

estar un domingo solo_____

los problemas económicos _____

las arañas_____

Ahora tu compañero/a te va a hacer algunas preguntas sobre los sentimientos que te producen algunas cosas. Contéstale.

> Me pone/n (muy) nervioso/a...
> Me pone/n (muy) triste...
> Me pone/n de (muy) mal humor...
> Me molesta/n (mucho)...
> Me preocupa/n (mucho)...
> Me da/n (mucho) miedo...
> Me da/n (mucha) pena...
> ¿Te/le ponen nervioso/preocupa/molesta/gusta...?
> Sí, mucho/bastante.
> No, no mucho/nada.
> A mí no/sí/también/tampoco.
> A mí mucho/bastante.
> A mí no, nada.

Tu compañero/a te va a hacer algunas preguntas sobre los sentimientos que te producen algunas cosas. Contéstale.

Ahora tú quieres saber cómo es realmente tu compañero/a y seguro que podrás saber muchas cosas de él/ella si le preguntas por sus sentimientos. Tienes que averiguar tres cosas que le ponen nervioso/a, tres que le ponen triste y tres que le ponen de mal humor. Puedes partir de esta lista pero a lo mejor tendrás que añadir cosas.

dormir poco _____

las mujeres objeto _____

las personas mayores solas ____
_____

los vecinos ruidosos _____

las discusiones_____

los atascos _____

los médicos _____

la gente que habla mucho _____
_____

las personas autoritarias _____
_____

la música disco _____

las guerras _____

la gente dogmática _____

las mentiras _____

tomar decisiones importantes ___
_____

estar con desconocidos_____

los ligones _____

comprar ropa _____

limpiar la casa _____

la gente tacaña _____

alguno de tus vecinos _____